KB019017

생초보
워드프레스
하루만에
끝장내기

홈페이지 제작부터 활용, 수익 창출까지,
한 권에 모두 담았다!

생초보 워드프레스 하루만에 끝장내기

초판 1쇄 인쇄 2023년 10월 20일
초판 1쇄 발행 2023년 11월 03일

지은이 이상원

발행인 백유미 조영석

발행처 (주)라온아시아
주소 서울특별시 서초구 방배로180 스파크플러스 3F

등록 2016년 7월 5일 제 2016-000141호
전화 070-7600-8230   **팩스** 070-4754-2473

값 29,000원
ISBN 979-11-6958—078-6 (13000)

라온북은 독자 여러분의 소중한 원고를 기다리고 있습니다. (raonbook@raonasia.co.kr)

WordPress For Beginners

홈페이지 제작부터 활용,
수익 창출까지,
한 권에 모두 담았다!

생초보
워드프레스
하루만에
끝장내기

이상원 잘생긴뚱큰 지음

설치에서
유지, 보수
수익화
노하우까지

누구나
따라 할 수 있는
쉬운
해설과 구성

코스모스팜
라이센스
쿠폰 수록!

월 1,000만 원 수익 내는 워드프레스 핵심 팁 대방출!

있어 보이는 홈페이지로 나를 브랜딩하는 최고의 비법!!

RAON
BOOK

RAON
BOOK

오지라퍼의 워드프레스 입문서

어렸을 때부터 프로그램에 관심이 많았던 터라 고등학생 1학년 때 처음으로 나모웹에이터와 드림위버로 홈페이지를 만들었다. 그때를 생각해 보면 기본도 안 됐지만, 그 당시에는 그렇게 뿌듯할 수가 없었다. 이후 대학에서 공부를 하고 취업을 하면서 웹개발 JAVA, oracle 등을 익혔다. 어려울 때도 있었지만 내 길이다 싶었고, 지금으로서는 이해가 가지 않지만 웹 페이지를 만들면서 밤을 샌 적도 있었다. 목표로 했던 IT회사에 입사해 처음 내 손으로 예매 시스템 등을 만들었을 때는 가슴이 벅차 오르기도 했다. 선배들은 다 한때라고 말했고 사실이 그랬지만, 그때의 설렘은 아직도 내가 프로그래머로 일하는 이유이기도 하다.

한때는 홈페이지 만들기에 빠진 적도 있었다. 딱히 쓸 데도 없는 내 홈페이지를 만들었고, 역시 그닥 홈페이지가 필요없던 지인들에게 그 필요성을 애써 역설하면서 만들어 주고 관리까지 하는 오지랖을 부리기도 했다.

소프트웨어뿐만 아니라 하드웨어에도 관심이 많았다. 가장 하지 말라는 짓인 지인들의 컴퓨터 견적을 내주고 대가도 바라지 않으며 조립해 주기도 했다. 심지어 고장 난 컴퓨터 수리를 나에게 부탁하는 경우도 있었지만, 컴퓨터를 알아 간다는 즐거움에 한걸음에 달려간 적도 여러 번이었다. 지금 생각하면 오지라퍼에 호구였다는 생각도 들지만, 아직도 그 마음은 남아 있어 모르는 것을 가르쳐 주는 것을 여전히 좋아한다. 그리고 그때 나의 오지랖들은 지금의 나를 만들었고, 결국 하나의 프로그램에 익숙해져 책까지 낼 수 있게 하는 원동력이 되었다고 생각한다.

몇 년 전 우연히 '워드프레스'를 처음 접하게 됐다. 시작은 호기심 때문이었지만 최소한의 시간에 최대한의 효과를 낼 수 있는 프로그램이라는 것을 알게 됐다. 아무리 SNS가 잘 되어 있다 하더라도 홈페이지는 기본이다. 개인이 브랜드화되는 세상에서 마케팅만이 다가 아니기 때문이다. 내 힘으로 홈페이지를 만들고 싶은

가? 그렇다면 워드프레스를 배우자. 감히 말하건대, 이 책은 홈페이지를 만들기 위해 가장 최적화된 워드프레스 설명서다. 워드프레스는 아직 다른 프로그램에 비해 많이 알려져 있지 않지만, 잘만 운영하면 가장 있어 보이는 홈페이지를 만들 수 있다. 또 검색 엔진 최적화(SEO)까지 적용할 수 있어 쓸모가 상당하다. 이렇게 괜찮은 도구를 더 많은 사람들이 사용해 더 멋진 홈페이지를 최소한의 비용과 시간으로 만들었으면 좋겠다. 마음대로 되는 것 하나 없는 세상에서 홈페이지 정도는 내 마음대로 할 수 있다면 인생이 조금 더 행복해질지도 모르지 않을까. 여기에 프로그램 하나를 다룰 줄 안다는 뿌듯함은 보너스가 될 것이다.

나만 알고 있는 것이 아까워 워드프레스의 장점을 주변에 소문을 조금씩 내기도 했지만, 좀 더 많은 사람에게 알려주고 싶어 또한 번 오지랖을 부려봤다. 꽤 익숙하게 사용할 수 있는 워드프레스와 달리 책을 집필하는 것은 쉽지 않았다. 말로 설명하는 것이 어렵지 않아 책도 잘 쓸 수 있다고 생각했지만, 부족한 부분이 많아서 책을 끝내는 지금도 아쉽기만 하다.

나의 뮤즈이자 동기 부여의 원천인 아내 이랑, 더 열심히 살고 싶다는 의욕을 주는 두 아이, 늘 곁에서 응원해 주시는 부모님, 그리고 부족한 원고를 책으로 만들어주신 라온북 관계자분에게 고마움을 전한다.

이 상 원(잘생긴팝콘 : 잘팝)

차 례

1장
왜 워드프레스 홈페이지인가?

2장
워드프레스 Warm up

3장
워드프레스 설치하기

6장
유지보수 및 운영 노하우 Q&A

왜 워드프레스
홈페이지인가?

세상은
변했다

⊙ Post 코로나 시대 : 비대면

　코로나는 전 세계의 사람들에게 큰 충격을 안겨 주었고, 코로나에 적응하여 살아남기 위해 많은 것들이 변화되었다. 그중에서 가장 큰 것이 바로 비대면의 문화가 아닐까 한다. 그리고 불편하게만 느껴졌던 비대면을 막상 경험하면서, 비대면의 문화가 편리한 점도 많이 있다는 것을 배우게 되었다.

　오프라인으로 진행하던 강의를 온라인으로 진행하게 되고, 강의는 사람들을 만나서 소통하는 맛이 있다고 생각했는데, 막상 온라인으로 진행해 보니 강의장에 가지 않아도 되어 이동시간이 절약되고, 먼 곳에 사는 사람들이 힘들게 서울까지 올라오지 않아도 되어 좋았다. 여기서 더 발전하여 나중에는 온라인 강의를 찍어서 올려 놓았더니, 나는 아무것도 하지 않아도 자동으로 수입이 발생한다.

시장이나 마트에 가서 직접 보고 만져보고 주문하는 것을 선호하였는데, 막상 쿠팡의 로켓배송을 이용해보니 신세계가 따로 없다. 당장 내일 캠핑가서 먹을 것을 사야하는데 오늘 아이들을 데리고 놀이공원에 가기로 약속했고 해도 문제 없다. 놀이기구에 줄을 서 있으면서 쿠팡으로 단 몇 분 만에 장보기를 완료한다. 낮에 물건을 주문하면 내일 새벽에 우리 집 문앞으로 배송된다.

식당에 가면 키오스크에서 이것저것 눌러보다가 뒷사람 눈치보면서 쩔쩔매던 때가 있었는데, 어느덧 사용법도 익숙해 졌다. 키오스크도 점점 사용이 쉽고 간편하게 발전한다. 눈으로 보면서 주문하다 보니 주문 실수도 줄어들고, 주문 시간도 단축된다. 키오스크가 여러 대 있으면 길게 줄을 서서 주문하기 위해 기다릴 필요가없다.

주위에는 무인카페, 무인 편의점, 무인 문구점, 무인 세탁소, 무인 아이스크림점 등이 하나 둘 늘어간다. 무인매장에 가면 주인이없으니 부담 없이 눈치 안 보고 편안하게 이것저것 구경하고, 실컷만져본다. 주인 입장에서도 매장에 상주 인력이 없으니 인건비 절감된다. 운영 시간에 제약도 없다 보니 24시간 운영되는 무인매장이 많다. 무인매장을 하나 갖고 있으면서 직장을 다닌다든지, 다른사업을 하는 등 투잡, 쓰리잡을 가질 수 있게 되며 같은 시간 안에높은 수익을 얻을 수 있는 기회가 생긴다.

이렇듯 비대면 온라인 시장은 계속해서 발전해 왔으며, 코로나이후에 굉장히 빠른 속도로 변화하여 이제는 많은 사람들이 이런문화에 너무나 익숙해졌다.

○ 왜 홈페이지가 있어야 하나?

많은 사람들이 부자가 되고 싶어 한다. 얼마 전 《이웃집 백만장자》라는 책을 흥미롭게 봤는데, 이 책은 미국의 부자들을 인터뷰하여 부자들이 어떤 특징을 가졌는지 여러 항목에서 통계를 낸 책이다. 내용에서 기억나는 부분 중에 하나가 부자들 가운데 80%가 사업가라는 사실이었다. 사업의 종류는 특정되지 않지만, 80%의 부자가 직장인이 아닌 자기 사업을 하는 사람이라는 점이 흥미로웠다.

단순히 부자가 되고 싶다는 간단한 이유 때문만이 아니다. 코로나 이후 글로벌 경기침체가 이어지며, 미국에서 대규모 구조조정이 이루어지고 있다. 2022년 하반기부터 메타플랫폼, 마이크로소프트, 아마존 등의 대기업과 기술기업을 중심으로 구조조정 행보가 잇따르고 있다. 세계 최대 전자상거래 기업인 아마존이 지난 1월 1만8천 명을 감원한 데 이어, 2차로 9천 명을 추가 감원한다고 한다. 디즈니 CEO도 2023.2월에 7천 명을 감원한다고 발표하였다. 미국의 경제는 한국의 경제에 밀접한 영향을 미치며 이미 한국도 구조조정이 예견되고 있다.

시대의 변화에 적응하고 살아남기 위해, 무엇을 해야 할까? 사람마다 자신의 강점, 자기가 잘하고 좋아하는 것이 다르다. 영어를 잘하는 사람도 있고, 디자인을 잘하는 사람도 있다. 영업이나 강의를 잘하는 사람도 있고, 홈페이지를 잘 만들거나 상담을 잘해주는 사람도 있다.

본인이 잘하는 것을 '사업아이템'으로 삼아 내가 하는 일, 내가 파는 제품을 잘 포장하고 가치를 높여, 홍보하여 판매하는 것. 그게 바로 사업이며 나의 브랜딩이 될 것이다. 나의 아내의 경우에는 '뷰티인서울(아내가 운영하는 회사이름)'이 그랬고, '무역공주(아내의 닉네임)'가 그랬다. 이렇게 내가 잘하는 일을 하나씩 키워나가는 것이다.

세상에는 수많은 종류의 사업이 있을 것인데, 그중 어떤 사업을 시작하던지, 그 사업을 잠재고객에게 알리고 홍보하기 위해 가장 중요한 시작점이 되는 것이 바로 '홈페이지'일 것이다.

내 아내는 26살이었던 2013년부터 온라인 무역 강의를 하며, 항상 강의 도입 부분에 바이어의 신뢰를 얻기 위해서는 회사의 면모를 갖추는 것이 중요하고, 이 회사의 면모 중에 가장 중요한 것이 바로 '있어 보이는 홈페이지'를 만드는 것이라 말하곤 한다. 이 홈페이지가 바로 회사의 첫 인상이며, 이 첫인상은 최종적으로 구매를 결정 하는 데에 큰 역할을 하게 된다.

우리가 박람회만 가도 작은 부스보다 큰 부스에 더 눈길이 가듯이, 홈페이지 역시 마찬가지이다. 일단 홈페이지가 잘 만들어져 있으면 그것은 좋은 잠재고객에게 좋은 첫인상을 갖게 한다. 첫인상이 좋으면 바이어가 여러 판매자를 놓고 비교하다가도 결국 첫인상이 가장 좋았던 판매자에게 돌아온다. "첫인상이 마지막 인상이다"라는 말도 있지 않은가? 홈페이지는 비지니스의 메인 간판이 되고, 명함이 된다.

일단 허접한 홈페이지라도 없는 것보다는 있는 것이 백배 천배 낫다. 회사 홈페이지가 없다면 '아, 이 회사는 홈페이지도 없는 회사, 홈페이지 만들 능력도 없는 작은 회사, 그냥 영세한 개인 사업자인가보다.'라고 생각된다. 작은 동네상권이나 개인고객이라면 모르겠지만, 큰 고객입장에서 거들떠 보지도 않는다. 블로그형 홈페이지라도, 아니면 무료로 제공되는 홈페이지라도 없는 것보다는 있는 것이 좋다.

거기서 더 발전되면 좀 더 탄탄하고 강력한 고객의 신뢰를 얻는 것이 필요할 때가 온다. 대량주문을 받고 싶고, 큰 프로젝트를 성사시키고 싶다면, 허접한 홈페이지로는 조금 불안하다. 당신이 상대해야 할 고객이 큰 고객일수록 더 그렇다.

홈페이지가 있어 보이게, 멋지게 개설되어 있다면 고객은 '믿음직한 회사처럼 보인다'는 첫인상을 받게 된다. 아무리 당신이 1인 기업이나, 소상공인이라 할지라도 잠재고객에게 신뢰를 얻고, 믿음직한 모습을 보여주면 큰 주문을 성사시킬 수 있다. 아내 역시 1인 기업으로 창업하였고 4년 동안 사무실도 없이 집에서 일했던 사람이다.

우리는 여러 가지 방법으로 나를, 또 나의 사업을, 우리 회사를, 내가 파는 제품과 서비스를 홍보하게 된다. 이 비대면 시대에서 온라인 마케팅은 중요한 부분을 차지하고, 그 중에 홈페이지는 나의, 우리 회사의 대표적인 얼굴이 된다. 그래서 어떠한 당신이 사업을 하든지, '있어 보이는' 홈페이지를 만드는 것은 당신의 수익을 극대화시키는 데에 굉장히 중요하다.

전통적인 홈페이지 만들기의
치명적인 약점

○ 홈페이지 만들기 왜 이렇게 비싼가?

　이 책을 선택하여 읽고 있는 독자들 대부분이 아마도 기본적으로 홈페이지가 필요하다고 생각한 사람들일 것이다. 만들고 싶은 홈페이지의 종류는 다양하겠지만 말이다. 그렇다면 당신은 왜 홈페이지를 만드는 업체에 의뢰하지 않고, "생초보 워드프레스 하루만에 끝장내기'를 읽고 있는 것인가. 여러 가지 이유 중에 가장 큰 동기는 아마도 꽤나 부담스러운 홈페이지 제작비가 아닐까 생각한다.

　인터넷에서 홈페이지, 웹 사이트 제작 업체를 찾아 가격을 알아보면 간단하고 심플한 웹 사이트 만들기는 몇 백만 원부터 시작하며, 홈페이지 기능이나 페이지 수에 따라 수천만 원에서 수억 원까지 호가하기도 한다. 심지어 빨리 만들어지는 것도 아니고, 제작 기간 역시 상당히 오래 걸린다. IT 프로젝트 개발을 연결해 주는 위시켓(www.wishket.com)에 등록된 프로젝트를 살펴보면 금액대가 어느 정도인지 알 수 있는데, 간단한 웹 사이트 구축은 수백만 원, LMS(Learning Management system: 온라인으로 학생들의 수업진도를 나가고 출석체크하는 시스템)나 예약 사이트의 경우 수천만 원의 예산 금액이 측정되어 있다. 심지어 웹사이트 구축이 프로젝트 기간 안에 끝난다는 보장도 없다. 수억이 들어간 웹 사이트인데도 변경되는 기능이나 수정사항에 따라서 계속 마감일이 지연되기 때문이다.

하지만 고객의 입장에서는 '내가 정보를 다 제공해 주었고, 내가 만들라는 그대로 만들었는데, 왜 이렇게 터무니없이 비싸고 오래 걸려?' 라고 생각하며, 심지어 그 이후에 수정이나 유지, 보수 등의

이슈가 있을 때 또 한 번 더 그 금액과 소요되는 기간에 놀라고 불만을 갖는다.

그렇다면 웹 사이트 만들기 대체 왜 이렇게 비싸고 오래 걸리는 것일까? 유지보수, 수정 비용은 왜 이렇게 많이 드는 것일까? 개발자로 15년을 일하며 웹 사이트를 만들어 온 사람으로서 어떠한 과정으로 홈페이지가 만들어지게 되는지를 이해할 수 있도록 설명하고자 한다. 당신이 세세하게 모든 과정을 이해할 필요는 없지만, 아래의 설명을 듣고 나면 '아, 이래서 비싸고 오래 걸리는 구나'라고 저절로 이해가 될 것이다.

웹 사이트를 구축할 때 일반인이 생각하는 홈페이지에서 되는 너무나 당연한 것들도 사실은 웹 사이트 개발 회사에서는, 한 땀 한 땀 개발을 해야 한다. 웹 사이트에 당연히 있는 공지사항이나 F&A, 자유게시판을 구축하기 위하여 회원기능 개발(회원로그인, 회원가입, 회원 관리 등), 게시판 기능개발, 관리자 페이지 개발이 필요하다. 회원가입, 로그인, 비밀번호 찾기, 아이디 찾기, 게시판 목록, 게시판 상세보기, 게시판 수정/관리, 회원 게시물 수정, 삭제, 답변, 댓글 기능 등 우리가 생각할 때는 웹 사이트에 당연히 있어야 할 페이지들이지만 사실은 하나씩 다 구현해야 하는 웹페이지이다.

○ 전통적인 홈페이지 만들기 방법

그럼 이런 기능들이 어떻게 구현될까?

웹 개발 회사에서는 고객사(웹 사이트를 만들고자 하는 사람)와 미팅

하며 웹 사이트에 들어갈 내용, 기능, 디자인 등을 협의한다. 그 내용을 기반으로 기획자가 기획을 하고, 디자이너가 디자인을 하면, 웹 퍼블리셔가 코딩을 하고, 개발자가 최종적으로 기능을 구현하게 되는데, 간단하게 예를 하나 들어보겠다.

예를 들어, 고객이 미팅에서 홈페이지에 '로그인 기능을 만들어 주세요.'라고 요청했다. 기획자는 관리자화면 기획, 로그인 전/후 차이의 화면, 회원가입, 아이디와 비밀번호 찾기, 비밀번호 초기화, 회원정보조회, 회원정보 약관 등을 추가할 페이지 화면을 기획하여 화면 기획서를 만든다. 이 화면 기획서를 가지고 디자이너가 각각의 페이지를 jpg와 같은 이미지 파일로 디자인 한다. 이후에 이 이미지 파일을 가지고 웹 퍼블리셔가 CSS(화면정의언어)와 HTML(웹문서를 만들기 위한 기본언어)을 이용하여 웹 표준에 맞춰 코딩을 한다. 웹 퍼블리셔가 코딩작업을 완료하면 개발자가 Java(객체지향프로그래밍언어), php(웹개발 프로그래밍언어) 등의 언어를 이용하여 로그인정보를 DB(서버)에 저장하고, 로그인할 때 아이디와 비밀번호가 맞는지, 중복인지 체크, 틀렸을 경우 찾기 기능, 로그인 기록을 DB(서버)에 기록하는 등 로그인에 관련된 여러 가지 기능을 개발하는 작업을 한다.

'로그인 기능' 하나 만드는 것이 이렇게 길고 복잡하고 오래 걸린다. 고객이 말만 한다고 갑자기 한순간에 뚝딱 만들어지는 것이 아니다. 어떠한 기능이든지 새로운 기능 하나를 구현하기 위해 기획자, 디자이너, 웹퍼블리셔, 개발자 등 최소 4명이 함께 어려운 코드로 가득한 에디터를 사용하여 만들어내야 하는 것이다.

이렇게 전통적인 방식으로 홈페이지를 만들면 기획자, 디자이너, 퍼플리셔, 개발자가 상호 협력하여 하나의 완성품을 만들어 내야 한다. 보통 사람들은 내가 10년 경력이 넘은 소위 '고급개발자'이기 때문에 당연히 홈페이지 만들기에 대해 잘 알고, 잘할 수 있을 거라고 생각한다. 하지만 나조차도 전통적인 방법으로는 기획자와, 디자이너, 퍼블리셔 없이 혼자서 홈페이지를 만들지 못한다. 나뿐만 아니라 IT 업계에서 수년~수십 년 종사한 사람들도 마찬가지이다. 예전 티켓링크에서 동료였던 기획자도 티스토리 블로그조차 만드는 것을 어려워하고 있고, 한전 KDN에서 같이 일하던 동료개발자도 홈페이지를 만들려고 하더니 과거의 방법처럼 개발환경을 세팅하고 있었다. 이렇듯 전통적인 방법으로 웹 개발 언어를 이용하여 홈페이지를 구축하는 것은 너무나 어렵고, 복잡하고, 시간이 오래 걸리며, 많은 사람들의 노력을 필요로 한다. 여러 명의 인력이 투입되며, 오랜 제작기간이 걸린다는 것은 결국 비싸진다는 것을 의미한다. 사람이 더 많이 투입될수록, 제작기간이 늘어날수록, 홈페이지 제작비는 계속 증가된다.

○ 만들었다고 끝이 아니다. 유지보수, 수정의 이슈

어찌어찌 하여 홈페이지를 만들기를 완성했다고 할지라도 끝이 아니다. 유지보수와 수정 이슈가 계속해서 발생한다. 지인이 검도장을 운영하는데, 대한검도협회에서 단체로 홈페이지를 매우 저렴하게 만들어 줬다고 했다. 살펴보니 모든 검도장들의 홈페이지가 비슷비슷한 구성에 비슷비슷한 디자인을 가지고 있었다. 이 친구는 일단 처음에는 홈페이지를 저렴하게 만들어서 좋았지만, 매년 유지보수비가 30만원씩 들어가고 있으며, 홈페이지의 메인사진을 변경한다든지, 중요한 공지사항을 팝업창으로 띄운다든지 하는 비교적 간단한 수정사항에도 5~10만원씩 비용이 발생한다고 했다. 수정할 때마다 유지보수 업체에게 요청을 해야 하고, 또 비용이 발생하게 되다 보니 자연적으로 홈페이지 관리가 소홀하게 되었다. 단적인 예로, 홈페이지 메인페이지의 단체사진이 무려 10년 전 사진이라고 한다. 결국 언제부턴가 자연스럽게 내 마음대로 글을 올리고 수정할 수 있는 네이버 블로그를 홈페이지처럼 사용하고 있다. 공들여 만든 홈페이지를 제대로 활용하지 못하고 있으며, 기존 홈페이지는 거의 손을 놓은 채 방치되고 있다.

그나마 나의 지인처럼 유지보수가 가능이나 하면 다행이다. 회사의 홈페이지 제작을 담당했던 개발자가 그만 둘 경우, 새로운 개발자는 본인이 만든 개발소스가 아니기 때문에 수정하기 어렵다. 홈페이지의 유지보수회사를 다른 곳으로 옮기는 것도 간단한 문제가 아니다. 유지보수 업체에서는 매 연·월별 유지관리비를 받는 것이 회사운영에 중요하기 때문에 이전하고 싶어 하지 않는다. 그래서 도메인과 서버 이전 비용을 청구한다. 이전하기 위해선 새 서버에 환경 구축부터 시작해서 해야 할 일이 생각보다 많이 있다. 뒤에서 배울 DNS 또한 다시 세팅해야 한다. 어렵게 이전을 해도 문제다. 이전한 새로운 회사에서는 이전 개발회사에서 사용하던 웹 사이트의 개발 소스를 이해하지 못할 뿐만 아니라, 개발환경, 프로그램 버전과 라이선스, 환경 세팅값 등의 변화로 성공적으로 유지되기 어렵다. 결국 있던 홈페이지를 버리고 새로 제작해야 하는 경우가 빈번히 발생한다. 단순하게 도메인만 옮긴다고 해결되는 문제가 아닌 것이다.

예전에 xp윈도우에 기본적으로 깔려있던 '핀볼'이라는 게임이 있었다. 그 게임은 지뢰 찾기 게임처럼 인기가 많았지만, 어느 순간 사라져버렸다. 그 이유가 무엇인지 아는가? 윈도우가 32bit에서 64bit로 업그레이드되면서 오류가 발생하였는데, 담당 개발자가 그만두었고, 그 소스(웹 언어코딩의 결과물)를 보고 분석할 수 있는 사람이 없었다. 그래서 결국 오류를 해결하는 데 실패하여 핀볼 게임이 사라지고 만 것이다. 이처럼 다른 사람이 만든 개발소스는, 타인이 분석하기가 어렵거나 시간이 오래 걸린다. 마이크로소프트 같은 대기업에서도 이런 일이 발생하는데 국내의 크고 작은 웹 개발회사의 상황은 오죽하겠는가.

홈페이지 제작에 대한 의견을 물어보면 다수가 이렇게 대답한다. "그런 것은 그냥 업체에 맡길 거예요. 내가 어떻게 홈페이지를 만들겠어요?"라고 한다. 하지만 홈페이지 제작을 그냥 업체에 맡기는 것은 위의 설명처럼 간단하게 생각할 문제가 아닌 것이다.

워드
프레스란?

그렇다면 워드프레스란 무엇인가? 워드프레스가 무엇인지에 한 개념에 대한 설명을 해보고자 한다.

워드프레스(WordPress)란 2003년에 맷 뮬렌웨그(Matt Mullenweg: 현 오토매틱 Automattic Inc CEO)에 의해 공식 배포된 웹사이트, 홈페이지, 쇼핑몰, 블로그 제작관련 오픈소스(Open Source) 프로그램이다. GPL(General Public License: 저작권의 반대 개념으로 라이선스 사용료나 사용상의 제약조건을 자유롭게 하여 소프트웨어 유통을 활성화하기 위한 것으로, GPL 소프트웨어로 공개되는 원시 부호는 누구나 변경 또는 일반 공중라이센스로 재배포하고, 이를 이용하여 상업적 웹 사이트를 구축할 수 있음)에 기반하며, 누구나 프로그램 개발 및 수정, 재배포가 가능한 프로그램이다.

초기에는 작은 블로깅 툴(블로그를 만드는 도구)로 시작되었으며, 이후 워드프레스를 대표하는 훅(Hooks: 사용자가 테마 또는 플러그인의 일부를 수정할수있는짧은코드) 등의 기능이 오픈소스 커뮤니티에서 큰 인기를 얻으면서, 전 세계 개발자들이 참여하는 최대 CMS(Content Management System: 콘텐츠 관리 시스템)로 발전하였다.

현재 전 세계 웹 사이트의 40% 이상이 워드프레스로 제작되어 있으며, 전체 CMS 시장에서는 63.3%가 워드프레스로 관리되고 있다. 아래 도표를 보면 2023년 4월 기준 워드프레스가 63.3%로 1위, 2위인 쇼피파이의 점유율은 5.5%에 불과해, 다른 CMS 시스템에 비하여 압도적인 차이로 세계 1위를 유지하고 있는 것을 알 수 있다.

	2012 1 Jan	2013 1 Jan	2014 1 Jan	2015 1 Jan	2016 1 Jan	2017 1 Jan	2018 1 Jan	2019 1 Jan	2020 1 Jan	2021 1 Jan	2022 1 Jan	2023 1 Jan	2023 5 Apr
WordPress	54.3%	54.8%	59.8%	60.7%	58.8%	58.5%	60.0%	59.7%	62.1%	64.1%	65.2%	63.7%	63.3%
Shopify			0.3%	0.7%	1.0%	1.3%	1.8%	2.6%	3.4%	5.2%	6.6%	5.7%	5.5%
Wix		<0.1%	0.2%	0.3%	0.4%	0.6%	0.9%	1.8%	2.3%	2.4%	2.9%	3.6%	3.7%
Squarespace	0.2%	0.1%	0.3%	0.5%	0.8%	1.1%	1.5%	2.6%	2.7%	2.3%	2.7%	3.0%	3.1%
Joomla	9.5%	8.7%	9.3%	8.6%	7.5%	7.2%	6.5%	5.4%	4.6%	3.6%	2.6%	2.7%	2.7%
Drupal	6.5%	7.2%	5.5%	5.1%	4.9%	4.8%	4.6%	3.5%	3.0%	2.5%	2.0%	1.8%	1.8%
Adobe Systems												1.7%	1.7%
Google Systems												1.2%	1.1%
PrestaShop		0.9%	1.1%	1.2%	1.3%	1.3%	1.3%	1.4%	1.1%	0.8%	0.7%	1.0%	1.1%
Bitrix	0.9%	1.0%	1.0%	1.1%	1.3%	1.4%	1.5%	1.2%	1.5%	1.7%	1.4%	1.1%	1.1%
Webflow								0.2%	0.2%	0.4%	0.7%	0.9%	0.9%
OpenCart			0.9%	1.0%	0.9%	0.8%	0.8%	0.8%	0.8%	1.0%	0.9%	0.8%	0.8%

출처:https://w3techs.com/technologies/history_overview/content_management/ms/y

해외 뿐 아니라, 국내 삼성전자, 신세계, LG, 대한항공, 현대자동차, 롯데멤버스, SK텔레콤 등의 대기업과 수많은 중소기업들이 워드프레스를 이용하여 웹 사이트를 제작하였다.

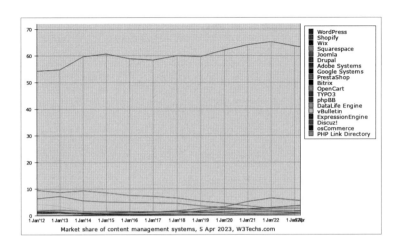

Market share of content management systems, 5 Apr 2023, W3Techs.com

워드프레스는 설치형(WordPress.org)과 가입형(WordPress.com)이 있는데, 가입형은 별도의 준비 없이 블로그를 개설해서 바로 이용할 수 있으나, 프로그램의 이용에 제약이 많으므로 이 책에서는 설치형 워드프레스에 대해서 다룬다. 우리가 흔히 웹 사이트 제작과 관련하여 언급하는 워드프레스는 대부분이 설치형 워드프레스(WordPress.org)이다.

우리가 배울 설치형 워드프레스는 다양한 테마나 플러그인을 자유롭게 설치하고, 이것을 이용하여 웹 사이트도 만들 수 있다. 스마트폰을 사용하면서 원하는 앱을 스토어에서 다운받아 다양한 기능을 활용하는 것과 비슷한 개념이다. 심지어 운영하는 웹 사이트의 모든 소스코드에 관리자로서 자유롭게 접근할 수 있기 때문에, 제작 가능한 사이트의 형태에 사실상 제한이 없다. 물론 이미 있는 테마나 플러그인 을 그대로 사용하여도 되지만, 본인이 만약 프로그래밍 언어(PHP, Javascript, CSS, HTLM)와 개발에 지식이 있는 사람이라면 원하는 대로 수정하여 사용할 수 있다.

다만 워드프레스 설치형은 일단 말 그대로 설치를 해야 사용이 가능하다. 워드프레스를 설치하기 위해서는 개인서버를 준비하거나, 호스팅 서비스(온라인 서버 대여)를 구입하여야 하며, 도메인 (웹 사이트 주소)를 구입하여 등록해야 한다. 또한 워드프레스를 이용해 웹 사이트를 만들기 위해서는 어느 정도 활용법을 공부해야 한다. 네이버 블로그나 카페에 글을 올리는 정도로 엄청나게 쉬운 것은 아니다.

예를 들어, 포토샵이나 일러스트레이터 등의 프로그램과 비슷한 것 같다. 며칠만 배우면 간단한 작업이나 기능 정도는 충분히 구현 가능하다. 만약 심도 있게 오랫동안 공부를 한다면 완성도가 높은 고급 결과물까지 얻어 볼 수 있을 것이다. 하지만 아예 지식이 없는 상태에서 직관적으로 아무거나 눌러보며 배우기에는 무리가 있다. 워드프레스도 마찬가지이다. 기본적인 사용방법은 어느 정도 학습을 해야 간단한 홈페이지 정도는 만들 수 있다. 더 나아가서 심도 있는 공부를 한다면 수준이 높은 홈페이지, 예를 들어, 예약사이트나 온라인 강의, 이러닝 사이트(LMS), 쇼핑몰사이트까지도 만들 수 있을 것이다. 당신이 만약 개발자라면 워드프레스를 활용하여 웹 사이트나 웹 앱 개발 프리랜서로 활동할 수도 있고, 워드프레스 테마나 플러그인을 제작해서 판매할 수도 있다.

예컨대, 나의 아내는 심플한 회사 홈페이지를 만들어 사업에 활용하고 있다. 처음에는 미용재료로 시작하여 사업을 확장하면서 화장품과 네일 재료를 수출하고 있다. 성공스토리가 알려져 강의문의가 잇따르게 되었고 교육사업까지 진행하고 있다. 당연히 워드프레스를 이용해 각각의 사업에 홈페이지를 따로 만들었으며, 24시간 사업 홍보의 창구로 활용하고 있다. 필자의 경우 워드프레스를 이용하여 홈페이지를 백 개 이상 제작하였고, 제휴마케팅 수익을 창출하고 있다. 수백 개의 홈페이지를 만들었는데, 1개의 비용을 200~300만원 씩만 하더라도 홈페이지 제작비가 수억 원에 달할 것이다.

왜 하필
워드프레스인가?

○ 다양한 홈페이지 소개

세상에는 워드프레스뿐 아니라, 다양한 웹사이트 제작 플랫폼들이 있다. 그중에서 우리나라 사람들이 많이 사용하는 웹 사이트 제작 플랫폼 몇 개를 더 소개해 보고자 한다.

카페24 (www.cafe24.com)

한국어로 제공되어 이해하기가 쉽고, 무료로 홈페이를 제작하고, 호스팅할 수 있다. 다양한 템플릿과 앱, 플러그인 등 제공하며 고객센터가 운영되어 사용자 지원을 제공받을 수 있다.

윅스 (ko.wix.com)

사용이 쉽고 직관적이며 드래그앤 드롭 인터페이스를 사용하여 쉽게 웹사이트를 만들 수 있다. 무료로 웹사이트를 제작할 수 있으며, 무료 호스팅도 이용할 수 있다. 다양한 앱을 제공하여 웹사이트 향상이 가능하다.

네이버 모두(www.modoo.at)

네이버에서 제공하는 무료 웹사이트 제작도구로, 프로그래밍 지식 없이 쉽게 웹사이트를 만들 수 있다. 네이버와 연동되어 네이버 검색에 최적화된 웹 사이트 제작이 가능하다.

식스샵(Sixshop.com)

한국시장에 적합한 전자상거래(쇼핑몰) 만들기에 특화된 웹 사이트 제작 플랫폼으로 상품등록, 장바구니, 결제, 배송 등 전자상거래에 필요한 기능들이 모두 제공된다. 사용자가 직접 커스터마이징 할 수 있도록 다양한 템플릿과 디자인 기능을 제공한다. 매달 사용료가 발생한다.

프로셀(prosell.co.kr)

UDID PG사에서 만든 쇼핑몰 플랫폼이다. 전자상거래에 필요한 모든 기능(상품, 배송, 주문, 회원 관리 등)들이 제공된다. 다른 쇼핑몰에서 유료로 서비스 중인 게시판 추가, 분석 서비스 또한 무료로 제공하고 있다.

티스토리

블로그에 특화된 플랫폼으로, 무료로 제공되고 사용이 쉬우며 검색엔진 최적화(SEO)가 잘 되어 있는 편이다.

◯ 무료홈페이지를 만들면 안되는 이유

　나의 집사람은 10년 넘도록 홈페이지를 여러 번 다시 만들었다. 홈페이지 만들기를 시도해 본 곳은 카페24, 윅스, 네이버 모두, 티스토리이다. 4곳에서 홈페이지를 만들어 보고 결국 최종적으로 워드프레스로 만든 홈페이지에 정착하게 되었다. 처음에 홈페이지 제작을 알아보다 보면, 무료인 곳, 그리고 제작이 쉬운 곳에 마음이 가게 되는데, 왜 무료홈페이지를 만들면 안 되는지에 대해 설명하겠다.

원하지 않는 광고가 게재된다.

　광고 삽입이 강제되는 경우가 있다. 대표적으로 사이트의 상단 또는 하단에 배너와 같은 광고가 나오게 된다. 이러한 것은 무료제공을 위한 대가로 발생된 것으로, 사용자는 이를 감수할 수밖에 없다.

도메인(홈페이지주소)을 내 마음대로 사용할 수 없다.

　도메인 주소를 내 마음대로 사용할 수 없는 경우가 많다. 제공되는 도메인은 보통 유저명, 플랫폼 이름이다. 예를 들어, 나의 유저 아이디가 abcd1234라면 "abcd1234.wixsite.com", "abcd1234.tistory.com", "abcd1234.modoo.at" 등이다.

커스터 마이징에 제한이 많다.

무료로 제공되는 템플릿들은, 결국 무료로 제공되는 선에서만 사용이 가능하기 때문에 내가 원하는 대로 웹 사이트를 꾸미기에 제약이 많다. 무료로 제공되는 디자인은 흔하고 일반적인 것들로, 눈에 띄게 디자인하고 브랜드 차별화를 두기에는 한계가 있다.

○ 왜 워드프레스인가

아래는 무역업을 하고 있는 와이프의 워드프레스 정착 스토리 이다.

아내는 홈페이지를 제작하면서 카페24 ▷ 티스토리 ▷ 윅스 ▷ 네이버모두를 거쳐 결국 워드프레스에 정착하게 되었다. 아내가 사업을 시작한 2010년에는 홈페이지를 만드는 플랫폼이 그렇게 다양하지 않았고, 카페24가 국내에서 가장 유명한 곳이었다. 카페24에서 30만원 정도 하는 템플릿을 구매하여 수정비를 조금 더 내고 아내가 원하는 대로 수정을 했다. 처음에는 잘 사용했는데 나중에 수정사항이 생겼을 때가 문제였다. 홈페이지를 제작해 준 업체가 없어졌기 때문이다. 메인 사진도 바꿀 수 없고, 팝업창도 띄울 수 없었다. 어쨌든 이 홈페이지를 5~6년은 잘 사용하였다. 일단 홈페이지가 있다는 것이 사업 확장에 많은 도움이 되었다.

관리와 수정의 어려움을 경험한 아내는 티스토리로 블로그형 홈페이지를 제작하였다. 블로그는 관리와 수정이 쉬울 것 같았기 때문이다. 그런데 티스토리에서 제공하는 템플릿들은 정말 너무 '블로그'스러워서, 회사 홈페이지처럼 보이지 않았다. 그래서 회사 홈페이지처럼 티스토리를 만들어 준다는 업체를 찾아내 백만 원이 넘는 금액을 주고 제작을 의뢰하였다. 진짜 간단한 홈페이지였는데 제작은 1달 넘게 걸렸고, 뭔가 마음에 들지 않아서 여러 번의 수정을 요청했다. 나중에는 제작자가 힘든지 연락이 점점 뜸해졌다. 병원에 입원했다, 몸이 아프다 등등 여러 가지 핑계를 계속해서 대기 시작했다. 결국 이 블로그형 홈페이지도 제작업체를 한 번 거치면서 아내가 수정하기가 매우 어려워졌다. 이뿐만 아니라 티스토리는 하루에 글 발행량이 15개로 제한되어 있다는 것이 문제였다. 취급하는 물건이 백 가지가 넘는데 하루에 15개 발행하면 글을 더 등록할 수 없었다. 그래서 결국 시간 버리고 돈 버리고 포기하고 말았다.

다음에 시도한 것은 윅스였다. 드래그엔 드롭 형식이라서 만들기 쉽다고 해서였다. 정말 드래그 앤 드롭은 맞는데, 만들어진 것을 그대로 쓰면 관계가 없겠지만 조금씩 수정하고 싶은 사항을 바꾸기가 어려웠다. 쉬운 것은 맞지만 커스터 마이징이 어려워서 포기했다.

다음으로 시도한 것은 네이버 모두(https://www.modoo.at/)였다. 네이버 모두 홈페이지는 만들어서 아내는 6~7년 오랫동안 나름 잘 사용하였다. 만드는 것도 진짜 쉬웠고, 수정도 간편하였다. 원할 때 사진, 메뉴 변경, 제품 추가, 삭제 등이 간편했다.

하지만 워드프레스는 모바일에 최적화된 플랫폼이기 때문에 PC에서는 보기 불편했다. 모바일 버전이 모니터 만하게 크게 늘어나 보여서 이상하다. 또 해외 바이어들이 홈페이지에 안 들어가진다고 연락이 많이 왔고, 쇼핑몰 템플릿이 아니다 보니 업로드 한 물건이 많아서 바이어가 제품을 어디서 확인할 수 있냐고 자꾸 물어봤다. 기존 메인제품이 10년 넘게 판매가 되면서 안정화되어 몇 개의 제품군을 늘려 최근 2~3년 동안 사업 확장을 했다. 제품이 계속 늘어나고 양이 많아지며 홈페이지가 과부하 상태가 되었다. 수정하려고 하면 너무 느려서 한참을 기다려야 했다. 어떨 때는 정말 오래 기다려도 수정을 할 수가 없었다.

여러 가지 이유가 있었지만 결정적으로 워드프레스로 갈아타게 된 계기는 바로 구글에 검색이 잘 안 된다는 것이었다. 검색 순위가 많이 밀렸다. 네이버 모두는 네이버 검색엔진에 최적화되어 있지 구글 검색엔진에 최적화된 플랫폼이 아니다. 당시 아내는 사실 SEO(검색엔진최적화)에 대한 개념이 거의 없었는데, 우리 회사 홈페이지보다 훨씬 더 내용도 없고 텅텅 비다시피 한 허접한 경쟁사 웹 사이트가 구글에서 우리보다 훨씬 더 상위 노출되는 것을 보고 충격을 받았다. 심지어 광고를 진행한 것도 아니었다. 그때 내가 SEO와 워드프레스에 대해서 알려주었고, 열심히 배워서 워드프레스로 홈페이지를 만들게 된 것이다.

아내는 처음에 워드프레스 설치에 대한 개념도 잘 이해하지 못했다. 아내는 자타공인 컴맹이라 문서작성법도 잘 몰라서 이전에 책을 쓸 때도 애를 많이 먹었고, 내가 많이 도와줘야 했다. 강의할 때 파워포인트 사용법도 잘 몰라서 보다 못한 수강생들이 와서 도와줄 때도 있었다. 또 도메인이나 서버, 호스팅 등의 개념도 이해하지 못했다. 방법을 알려줘도 무슨 말인지 잘 모르겠다며 이해하고 싶어 하지 않을 때도 있었다. 당시에 나는 우선 세팅을 해 준 다음 아내에게 홈페이지를 꾸미는 것부터 시작하도록 했다.

메뉴를 만드는 것, 글과 페이지를 올리는 것, 메인페이지의 사진과 글씨, 색깔, 폰트 등을 변경하는 것, 이것은 생각보다 편하게 따라했다. 엘레멘토라는 플러그인을 설치하여 사용하니 클릭 한 번으로 있어 보이는 효과들이 표현되었다. 추후에 수정하는 것도 너무나 간편하고, 본인이 직접 만든 홈페이지다 보니 어디에 무엇이 있는지 아내가 제일 잘 알아서 누구한테 부탁하고 그럴 필요가 없어 좋았다.

그렇게 하나를 만들고 나니 아내는 그 다음 것은 별로 어려워하지 않았다. 다음을 만들고 또 그 다음 것을 만들고 하다 보니 순식간에 홈페이지를 5개나 만들게 되었다. 그렇게 워드프레스를 배우고 나서, 취급하는 제품군별로 홈페이지를 나누었다. 고객의 입장에서 봤을 때 해당 제품군의 전문성을 가지고 있는 것처럼 보이게 하기 위함이었고, 이는 결국 큰 주문량으로 이어지게 되었다. 그 전에는 바이어들이 "왜 속눈썹을 사고 싶은데 네일 젤이 있어? 너는 젤 회사야 속눈썹 회사야? 화장품을 만드는 회사야 젤 회사야?"라고 물었고, 결국 바이어들은 그냥 '이것저것 다 파는 무역회사인가보다'라는 인상을 받게 되어 오랫동안 판매한 메인상품을 제외한 다른 종류의 사업아이템들은 큰 주문을 받기가 어려웠다.

속눈썹은 속눈썹사이트, 네일 젤은 네일 젤 사이트, 화장품은 화장품 사이트를 각각 만드니 고객들의 혼선을 줄이게 되었고, 원하는 정보에 더 쉽게 접근하여 주문까지 걸리는 시간이 단축되었다. 더불어 표면적으로 제품군의 전문성을 갖춘 것처럼 보이게 되어 우리 회사를 향한 신뢰도가 올라갔고, 이는 큰 바이어들의 주문으로 심심치 않게 연결되었다. 현재 아내는 홈페이지 제작비를 아낀 것뿐 아니라, 이 워드프레스로 만든 홈페이지를 기반으로 본인이 운영하는 사업에서 큰 수익을 내고 있다.

워드프레스 홈페이지 만들기의 강점, 장점, 사업 활용법

우연히 받은 명함에 회사 이름이 있고 홈페이지가 있다면 검색엔진에서 회사 이름을 검색해 보게 된다. 이때 회사 홈페이지가 나오고 방문했을 때 관심이 있는 사용자라면 홈페이지의 이곳 저곳을 탐색한다. 내가 구구절절 설명하지 않아도 '이런 일을 하고 이런 후기가 있구나' 하고 알게 되고 더 나아가 신뢰하게 된다. 그리고 강조하고 싶은 것에 대해서 더 잘 알릴 수 있다. 검색엔진을 통해 다양한 키워드로 검색 유입이 된다면 해당 키워드에 대한 신뢰도 역시 상승하게 된다.

Q 명함 대신 홈페이지, 24시간 비즈니스 홍보창구로 사용하라

대면 문화에서는 새로운 사람을 만나 주고받는 것이 명함이다.

서로 인사를 하면서 명함을 확인하며 회사 이름은 무엇이고, 어떠한 일을 하는 회사이고, 이 사람이 담당하는 일은 무엇인지 파악하게 된다. 비대면 문화가 확산되며 사람들은 자신을 홍보하기 위하여 온라인에서 다양한 채널을 통해 스스로 홍보하게 되었고 유튜브, 인스타그램, 페이스북 등의 SNS(Social networking service 소셜 네트워킹 서비스: 온라인상에서 이용자들이 인적 네트워크를 형성할 수 있게 해주는 서비스)가 단순히 개인적인 사교 목적에서 발전하여, 나와 내가 하는 일을, 나의 비즈니스를 홍보하는 데 중요한 수단이 되었다.

사람마다 자기가 잘하는 전문분야가 있다. 요리를 잘하는 사람, 영어를 잘하는 사람, 고장 난 문을 고치는 사람, 수출을 잘하는 사람, 그림을 잘 그리는 사람, 악기를 잘 다루는 사람, 운동을 잘하는 사람, 남을 웃기는 데 재주가 있는 사람. '나는 이러한 분야에 전문성이 있는 사람입니다'라는 것을 여러 경로를 통해서 홍보한다. 내가 운영하는 회사, 내가 운영하는 가게, 내가 판매하는 물건, 내가 제공하는 서비스, 어떠한 경로로든지 홍보가 되어야 수익화되고, 지속되어 살아남을 수 있다. 온라인에서 브랜딩이 된다.

내 아내의 경우 2013년부터 '알리바바 무역공주'라는 닉네임을 사용하고 있으며, 2019년에 해외 수출입 사이트인 알리바바닷컴 활용서 '나는 알리바바로 40억 번다'라는 책을 출간하였다. 이 책이 대박까지는 아니어도 나름 5천부 이상이 팔리며 출간 이후로 몇 년 동안 무역 카테고리 5위권 안에 안착했고, 꽤나 홍행에 성공하였다.

아내에 대해 좀 더 궁금해진 사람들, 그녀가 하는 교육을 받고 싶은 사람들은 검색창에 알리바바 무역공주, 혹은 서이랑 등을 검색해 보게 될 것이다. 네이버 검색창에 알리바바 무역공주, 또는 아내 이름인 서이랑을 검색하면, 그녀가 만든 홈페이지가 나온다. 그 홈페이지에서는 아내가 운영하는 회사의 이력, 강의 이력, 교육과 컨설팅의 내용, 자주하는 질문과 답변, 연락처 등을 확인할 수 있다. 단 몇 페이지 안에 필요한 모든 내용이 충실히 설명되어 있다.

"나의 노하우 교육을 듣고 싶다면, 내가 파는 물건을 사고 싶다면, 내가 제공하는 서비스를 이용하고 싶다면, 여기서 자세한 사항을 확인하시고 신청하세요. 내용은 이렇고, 비용/가격은 이렇습니다. 연락처와 주소는 여기에요."를 확인할 수 있는 곳이 바로 홈페이지이다. 홈페이지는 그 자체로써 효과적인 온라인 홍보수단일 뿐 아니라, 내가 일일이 나의 잠재고객들을 응대하는 시간과 에너지를 줄여주고, 잠재 고객들이 실제고객으로 전환시키는 데 결정적인 역할을 하는 전환 포인트가 된다. 내가 시도하는 여러 홍보방법들이 나의 홈페이지와 잘 연결되며, 홈페이지의 내용이 고객의 의문점을 해결할 수 있을 만큼 충실할수록 나의 비즈니스 신뢰도가 높아지고, 잠재고객이 실제고객으로 전환되는 비율이 높아진다.

○ 스스로 만들어야 한다

아내는 그녀가 운영하는 회사 규모에 비해서, 매출에 대비해서 수익률이 대단히 높기로 나름 유명한 사람이다. 그녀의 회사의 수익률이 가장 큰 이유는 바로 대표인 아내 본인이 '만렙'이기 때문이다. 회사에서 필요한 거의 모든 일은 그녀 스스로 할 수 있는 일이다. 그래서 나가는 돈이 적어 수익률이 높다.

당연히 대표로서 협력사들을 만나고, 제품 발주하는 것은 물론이고, 빅바이어들이나 클레임 바이어들, 또 신규 바이어들 응대까지 그녀가 다한다. 제품 사진촬영, 포토샵으로 후보정, 상세페이지 제작도 한다. 심지어 주문제작 바이어들 패키지 디자인까지 스스로 한다. 일러스트로 말이다. 이 책에서 지금 알 수 있듯이 아내는 이제 홈페이지도 혼자서 스스로 만든다. 여러 가지 일을 한다고 해서 엄청 바쁠 것이라 생각하지만 그렇지 않다. 그녀는 하루에 3-4시간밖에 일하지 않는다. 해야 할 일을 집중해서 빨리 끝내는 편이다.

간혹 아내가 교육을 진행하다 보면 이런 말을 하는 수강생들을 만난다. "왜 돈도 많으시면서 그 많은 일을 혼자서 다 하세요? 사람을 쓰시지 않구요, 업체한테 맡기면 되지 않나요?" 수강생들이 이런 말을 하는 이유가 있기는 하다. 아내는 제품 수출과 판매에 관한 전문가이지 웹디자이너가 아니다. 스스로 웬만한 일은 다 하다 보니, 솔직히 웹 디자인 전문가가 만든 것만큼 고급 퀄리티의 결과물이 나오지는 않는다. 업무에 필요한 만큼만 배우고 활용하다 보니, 조금씩 필요한 내용을 두루두루 알고 있기는 하지만, 아내가 만든 것이 수준 높은 결과물은 아니기 때문에 수강생들이 보기엔 '뭔가 2% 부족해 보이는데?'라는 느낌을 받을 수도 있다. 하지만 이런 소리를 들을 때마다, 사업을 15년 한 사람 입장에서 속으로 이런 생각을 한다.

'정말 모르는 소리를 하고 있고만.'

사업을 하면서 아내는 대표로서 고객의 다양한 요구를 충족시켜 줘야 하고, 고객의 요구가 단시간 내에 해결되어야 주문으로 이어지며, 이를 통해 수익이 창출된다. 웹 디자이너에게 이런 제작을 맡기는 것도 전통적으로 홈페이지 만드는 것의 문제점과 별반 다르지가 않다. 일단 스스로 원하는 것을 웹 디자인 회사와 대화하여, 정확하게 이해시키고 전달하는 데 상당한 시간이 소요된다. 결과물을 받더라도 본인이 생각한 것과 정확히 똑같이 나오기가 어렵다. 그러면 또 다시 여러 번의 수정을 하게 되고 그만큼 시간이 늘어나며, 가격은 비싸진다. 나는 이렇게 시간과 돈을 낭비하느니 차라리 본인이 필요로 하는 것을 필요한 만큼만 배워서, 스스로 원하는 대로, 자신이 할 수 있는 만큼의 수준에서 하는 방법을 택하기를 권유한다. 장기적으로 봤을 때 이런 방식으로 해야 일 진행이 빠르다. 심지어 제작비는 엄청나게 절약된다.

예를 하나 들어보겠다. 아내의 회사에서는 자사 브랜드 제품 뿐 아니라, 고객 OEM(Original Equipment Manufacturing: 주문자 상표 부착 생산) 제품 상품도 많이 수출한다. 주문제작은 기존의 재고를 파는 것보다 최소주문수량이 높기 때문에 높은 매출 및 수익과 직결된다.

고객이 OEM 제작을 위해 로고를 보내줬는데 ai파일(일러스트파일. 일러스트 파일로 받아야 패키지 인쇄가 가능하다)이 아니고, 이미지 파일(jpeg, png등의 파일)을 보냈다. 고객한데 ai파일을 보내달라고 아무리 이야기해도 무슨 말인지 이해를 못한다. 이런 바이어는 정말 많다. 그럼 아내는 이 이미지 파일을 일러스트 파일로 변환해줄 수 있는 누군가를 찾아야 한다. 웹디자이너를 알아봐야 되고, 문의하고, 견적을 받아야 되고, 바이어가 주문을 확실하게 할지 말지도 모르는 상태에서 겨우 로고 하나 때문에 1~2일이 소요된다. 나중에 발주를 받으면 이제 패키지 디자인을 해 줄 누군가를 찾아야 한다. 아마 패키지 디자인이 적게는 몇십만 원, 많으면 몇백만 원이 든다.

아내는 일러스트를 배웠기 때문에 바이어의 로고가 간단할 경우 한 5분, 복잡하면 10~20분 내로 해결한다. 일러스트를 배워서 OEM 주문을 성사시킨 것이다. 아내가 아낀 디자인 비용은 수천만 원에 달할 것이고, 그로써 달성한 매출은 수십억 원에 달한다.

워드프레스 역시 같은 맥락에서 비슷한 이점을 가지고 있다. 업체에 홈페이지 제작을 맡기게 되면 생기게 되는 수많은 문제들에 대해서는 앞에서 충분히 설명하였다. 일단 내가 원하고 생각하는 그대로 홈페이지를 만들 수 있으며, 나중에 수정이나 유지보수가 필요할 때도 나 스스로 해결할 수 있다.

홈페이지에 새로운 상품이나 서비스를 업로드하거나, 없어지거나 단종된 것을 삭제하는 것. 회사 메인페이지의 사진이나 내용을 변경하는 것, 중요한 공지사항을 팝업창으로 띄우는 것. 상이나, 특허를 받았다는 등의 새로운 뉴스 등을 업로드 하는 것. 내가 운영하는 유튜브나 인스타그램 등의 SNS를 포함시키는 것. 배우면 정말 아무것도 아닌, 너무나 간단한 것을 언제까지 한 건에 몇만 원에서 몇십만 원씩 주고 외주를 맡길 것인가. 계속 외주를 주다 보면 결국 관리가 소홀하게 되고 홈페이지는 방치되며, 죽은 홈페이지가 된다. 이는 당신이 단 며칠만, 단 몇 시간만 투자하면 해결할 수 있는 일이다.

워드프레스로 홈페이지 만들기에, 코딩과 복잡한 웹 개발 언어들은 몰라도 된다. 워드프레스에서 무료로 제공되는 홈페이지 테마들은 웹 개발회사에서 만든다면 200~300만원에 판매되는 홈페이지 수준이다. 추가하고 수정하는 법을 배워서 내가 원하는 내용을 내 마음대로 추가했다가, 또 수정하고 싶다면 언제든지 수정 가능하다.

이 책을 공부하면 처음에는 간단한 홈페이지 정도는 혼자서 만들 수 있게 될 것이다. 개인 포트폴리오라든지, 간단한 가게나 회사 홈페이지, 블로그, 매거진 사이트 등을 만들 수 있다. 처음에는 2% 모자라 보일 것이다. 원래 처음부터 완벽한 것은 없다. 일단 나의 능력 안에서 할 수 있는 만큼 만들고, 일을 진행하면서 하나씩 추가하고 수정하며 완성도를 점점 높여가면 된다.

만약 내가 원하는 홈페이지 기능이 공부해 보니 혼자 만들기는 좀 어려운 것일 수도 있다. 예를 들어, 예약사이트를 만들고 싶은데, 공부를 해보니 혼자 하기는 좀 무리가 있다고 생각이 된다면, 어려운 부분만 전문 제작업체에 의뢰해도 된다. 당신이 워드프레스에 대해서 알고 제작을 맡기는 것과 아무것도 모르고 제작을 의뢰하는 것은 견적부터 큰 차이가 있을 것이다. 공부를 하면 어떤 부분이 어려운 부분이고 어떤 부분이 쉬운 부분인지 알게 되고, 터무니 없는 바가지를 쓰지 않게 된다.

만약 당신이 개발자이고 웹 개발언어에 대한 이해도가 높다면 좀 더 심도 있는 공부를 해서 워드프레스를 활용한 중견/대기업 웹

사이트, 쇼핑몰, 예약사이트, LMS(이러닝 시스템)까지도 만들 수 있다.

　내가 운영하는 네이버 카페에서 웹 사이트에 관심이 있는 일반인들을 모아서 줌으로 강의를 진행한 적이 있다. 3시간짜리 강의였는데, 이 수강생들이 지금은 놀랍게도 웹 사이트를 너무나 잘 만들고 있다. 본인이 운영하는 식당의 홈페이지를 직접 만든 회원도 있고, 워드프레스 홈페이지 만들기 기술을 사업화시켜서 크몽에 판매하여 높은 매출을 유지하고 있는 회원도 있다.

　당신도 할 수 있다. 하루 만에 멋진 홈페이지를 만들 수 있다. 워드프레스는 당신의 돈을 적게는 수 백만원에서 많게는 수 천만원까지 아껴 주며, 당신의 도전과 성장에 날개를 달아줄 타이탄의 도구가 될 것이다.

2장

워드프레스

Warm up

워드프레스 만들기
개념 이해

홈페이지 제작에는 일반적으로 4단계가 있다. ① '기획', ② '디자인/퍼블리싱', ③ '개발', ④ '배포/유지보수' 단계이다. 워드프레스를 이용하면 개발과 디자인 부분의 많은 문제를 해결할 수 있다. 각 단계별 발생하는 일에 대해 알아보면 워드프레스를 이용할 수밖에 없다.

기획

웹기획(Web Planning)은 웹 브라우저 기반인 프로그램을 기획하는 것을 말한다. 홈페이지를 만들기 전에 필수적인 과정이다. 건물을 만들 때 청사진이 필수인 것처럼 홈페이지의 기획은 매우 중요하다. 이 단계에서는 홈페이지 콘셉트, 메뉴구조, 화면구성, 콘텐츠 등을 정하고 이를 바탕으로 와이어프레임(화면설계서), 스토리보드가 작성된다. 와이어프레임은 콘셉트와 기능을 실제 화면으로 나오기 전 간단한 모양을 이용하여 시각화한 것이다. 용어에 나온 것처럼 와이어(선)으로 설계한다. 이를 도와주는 다양한 도구가 있는데 메모지에 펜으로 작성할 수 있다. 좀 더 전문적인 프로그램으로는 파워 포인트, 피그마(https://www.figma.com/), 오븐(https://ovenapp.io/) 등이 있다. 피그마나 오븐은 배우는 데 10분이면 충분하고 웹 기반 프로그램이라 설치도 필요 없다.

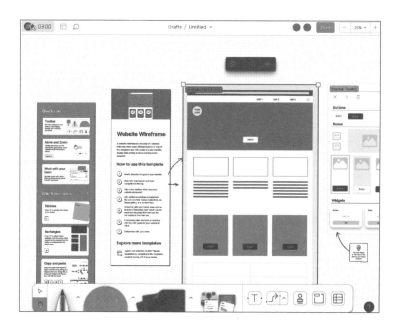

피그마는 현업에서 경우 정말 많이 사용하는 툴이기 때문에 기회가 된다면 한 번쯤 사용해 보도록 하자. 와이어프레임을 만드는 이유는 최종 결과물이 완성되기 전에 인터페이스를 확인할 수 있고, 누락된 부분을 확인할 수 있으며, 계획한 홈페이지를 구체화하는 것도 가능하다. 그래서 의사소통하는 데 불필요한 시간이 줄어

든다. 홈페이지 제작은 기획자, 웹디자이너, 웹개발자들이 한 팀이 되어 일하는데, 이 팀의 중심에서 제작과정을 총괄하는 사람이 웹 기획자이다.

디자인

웹기획자가 만든 기획서대로 화면이 만들어진다. 사용자들이 방문해서 가장 먼저 보는 부분이 디자인이기 때문에 매우 중요하다. 보기 좋은 디자인은 긍정적인 인상을 제공한다.

UI 디자인은 홈페이지를 사용할 수 있도록 하는 디자인이다. 버튼을 클릭하거나 메뉴를 선택하는 데 UI디자인이 좋을수록 사용자의 만족도는 올라간다. 대표적인 예로 로그인 버튼이나 확인 버튼이 오른쪽에 있는 이유는 대부분의 사람들이 왼쪽에서 오른쪽으로 읽기 때문이다. 최종 디자인이 정해지면 디자이너, 또는 퍼블리셔가 HTML 코딩을 완성한 후 개발자에게 전달한다.

최근에는 다양한 디바이스(PC, 태블릿, 스마트폰)에서도 최적의 디자인이 나와야 한다.

개발 + 배포

기획과 디자인이 완료된 후 진행되는 과정이며 홈페이지를 실제로 구현하는 단계이다. 개발언어(php, asp, jsp 등)와 데이터베이스(mysql, oracle 등)를 이용해서 기능이 구현된다. 개발이 완료된 후에는 서버에 업로드하고 도메인 세팅을 하여 사용자가 접속할 수 있도록 한다. 이는 웹 개발자가 하는 일이다. 개발되는 기능에는 회원관리, 관리자 화면 기능, 게시판 관리 등이 있다.

유지보수

한 번 만들고 끝이 아니다. 홈페이지는 지속적으로 유지보수를 해야 한다. 오래된 자료를 업데이트해야 하고 새로운 아이디어가 있다면 반영해야 한다. 콘텐츠가 필요 없는 경우에 삭제를 해야 하고, 신규 공지가 필요한 경우 공지 콘텐츠를 작성하고, 알리고 싶은 내용이 있다면 팝업을 만들거나 페이지를 수정해야 한다.

홈페이지 제작 후 더 좋은 정보를 제공하기 위해 사진 수정, 콘텐츠 추가, 콘텐츠 페이지를 수정하거나 신규 작성해야 하는 일이 생긴다.

워드프레스로 만들게 되면 반복되는 수정에 유연하고 빠르게 대처할 수 있다. CMS 기반의 워드프레스는 메뉴의 구성을 변경하거나 추가 삭제하는 작업이 매우 유연하다. 완성 되지 않은 무형의 홈페이지를 한 번에 기획해서 만드는 건 정말 어렵다. 홈페이지를 납품 받은 후 검토 과정에서 홈페이지 제작 회사에게 "이 메뉴는 빼서 여기다 넣어주세요" 같은 말을 자주 하게 된다. 만약 메뉴의 구성이 변경되면 완성된 페이지를 모두 수정해야 하는 일이 발생한다. 요청한 회사는 당연히 될 줄 알고 수정 요청을 하는데, 홈페이지 제작하는 곳에서는 "1주일 이상 시간이 필요합니다", "메뉴 변경은 어렵습니다" 같은 답이 온다. 잘 해결되는 경우도 있지만, 수정사항을 완료하지 못하고 "여기까지 만들었기 때문에 남은 비용 지급해 주세요"라고 하는 경우가 있다. 미완성 상태의 제작이라고 생각해서 돈을 주기가 어렵지만, 개발한 회사 입장에선 기획서 대로 만들었기 때문에 당연히 받아야 한다. 그동안 기획하고 개발한 시간 투자가 상당했기 때문이다. 하지만 놀랍게도 워드프레스로 만들면 메뉴의 구조를 변경하는 일은 10분 안에 처리할 수 있다. 메뉴를 어떻게 만들든 방법만 알면 정말 쉽게 할 수 있다. 이런 비교적 간단한 수정사항은 워드프레스로 해결하고, 검색엔진으로부터의 자연유입을 위한 검색엔진최적화(SEO)를 추가로 고민해보자. 대부분의 홈페이지 제작 회사는 홈페이지만 만들고 끝이다. SEO는 생각보다 큰 비용과 시간이 소요된다. 하지만 다음에 배울 SEO에 대해서 알면 자신의 홈페이지를 알리는 큰 비용을 절감할 수 있다. 워드프레스에서는 SEO 활동을 위한 것들이 정말 잘 준비되어 있다.

다음엔 내 홈페이지를 만들기 위해 기획하는 방법에 대해서 학습하려고 한다.

홈페이지의
콘셉트 정하기 (기획)

홈페이지 기획하기란, 홈페이지를 만들기 전에 홈페이지를 어떤 메뉴로 구성할 것인지, 또 각 메뉴별로 어떠한 콘텐츠를 담을 것인지에 대한 일종의 계획표를 작성하는 것이다. 보통 웹사이트를 만드는 회사들은 기획자가 따로 있을 만큼 중요한 작업이다. 기획자, 디자이너, 웹 퍼블리셔, 개발자 등 여러 명의 팀원이 함께 웹사이트를 제작해야 하기 때문에 진행하는 프로젝트에 대해 서로 이해하고 소통하는 것이 중요하다. 보통 홈페이지를 만드는 고객의 요청사항을 반영하여 스토리보드를 만든다. 회사에서는 이 스토리보드를 고객들에게 '이러이러한 홈페이지를 만들 것이다'라고 설명한다. 그리고 '이러한 기능 구현이 필요하다, 이러이러한 레이아웃으로 만들어야 한다' 등의 내용이 담겨, 개발자와 디자이너가 스토리보드 내용을 바탕으로 소통하며 홈페이지를 만들게 된다.

이 책에서는 '개인 혼자서 홈페이지 만들기'에 중점을 두고 있으며, 이 책을 읽고 있는 독자들은 스스로 '나는 어떤 홈페이지를 만들고 싶다'라는 의도를 가장 잘 알고 있는 사람이다. 그래서 거창하게 스토리 보드를 작성할 필요까지는 없다. 하지만 어느 정도 기획을 하지 않고 홈페이지 제작을 시작하게 되면, 하얀 화면만 보면서 머리를 쥐어짜도 진행이 매우 더디며, 마음에는 들지 않는 작업 결과를 얻게 될 것이다. 우리는 초보자이기 때문이다. 그래서 꼭 홈페이지를 만들기 전에 꼭 이 기획 부분의 내용을 보고, 기획을 한 후에 제작을 할 것을 적극 추천한다.

기획의 큰 순서를 보면 "타 사이트 벤치마킹 하기 ⇨ 메뉴 구성 ⇨ 메뉴별 콘텐츠 ⇨ 콘텐츠별 상세내용 작성하기"로 구성된다. 하나씩 살펴보자

1) 벤치마킹 하기

사람마다 내가 만들고 싶은 웹사이트는 다 다를 것이다. 내가 만들고 싶은 웹사이트가 있다면, 같은 주제로 만들어진 웹사이트를 최소한 3~4개 정도 살펴보면서 어떤 내용을 담고 있는지, 어떤 구성으로 만들어져 있는지 확인해야 한다. 마음에 드는 사이트 3~4개를 비교하면서 '이런 점이 마음에 든다, 이 웹사이트는 이런 것이 별로다' 하는 것을 정리한다. 정리하는 방식은 워드를 사용해도 되고 본인이 편안하게 느끼는 어느 방식이든 상관이 없다. 다양한 메모프로그램의 도움을 받아도 좋다. '노션', '에버노트' 같은 프로그램들이 있다. 윈도우 기본프로그램인 메모장을 이용해도 된다.

예를 들면, "A 웹사이트는 '회사소개 ⇨ 강점 ⇨ 고객후기 ⇨ 문의하기' 순서로 메인페이지가 나와 있는데, 이 섹션 순서가 마음에 든다. B 웹사이트는 이런 내용은 좋은데 색을 여러 가지 써서 정신이 없어 보인다. C 웹사이트는 포트폴리오가 눈에 잘 띄게 정리되어 있어 마음에 든다." 이런 식으로 정리를 해놓고 나중에 실제로 나만의 웹사이트를 만들 때 내용을 반영하자.

2) 메뉴 구성하기

웹사이트의 큰 메뉴를 구성한다. 보통 웹사이트를 만들면서 자주 사용하는 메뉴는, 홈, 회사소개, 회사연혁, 조직도, 서비스 소개, 프로세스, 포트폴리오, SNS, 공지사항, 블로그, 자주 묻는 질문, 문의하기 등이다. 내가 벤치마킹 한 사이트 중에서 마음에 드는 메뉴들을 참고하고, 또 내가 나의 웹사이트에 꼭 이런 넣고 싶었던 것들을 반영하여 메뉴를 짠다. 예를 들어, 나는 현재 교육, 컨설팅 사이트를 구상 중에 있는데 메뉴를 짜본다면 총 다섯 개로, 아래와 같이 만들 계획이다.

① 홈(전면페이지)
② 소개
③ 교육/컨설팅
④ 자주 묻는 질문
⑤ 문의하기

3) 메뉴별 콘텐츠 작성하기

이제 각 메뉴별로 어떤 내용의 콘텐츠를 담을 건지에 대한 내용을 담는다. 나의 경우 홈(전면페이지)에는 소개, 강점, 교육/컨설팅 소개, 후기, 문의하기 순서로 기획하였다. 소개 메뉴에는 인사말, 이력, 저서 소개를 담고, 교육/컨설팅 메뉴에는 온라인교육, 오프라인교육, 1:1컨설팅, 네 번째 메뉴에는 자주 묻는 질문과 답변, 마지막 문의하기 메뉴에는 상담 양식과 연락처 등을 담도록 기획하였다.

1) 홈(전면페이지)	**3) 교육/컨설팅**
1-1) 소개	3-1) 온라인 교육
1-2) 강점	3-2) 오프라인 교육
1-3) 교육, 컨설팅 소개	3-3) 1:1 컨설팅
1-4) 후기	**4) 자주묻는질문**
1-5) 문의하기	4-1) 자주하는 질문 Q&A
2) 소개	**5) 문의하기**
2-1) 인사말	5-1) 상담 양식
2-2) 이력	5-2) 연락처
2-3) 저서 소개	

4) 콘텐츠별 세부 내용 작성

메뉴와, 메뉴별 콘텐츠까지 작성했다면 '이제 홈페이지를 제작을 시작해도 되지 않나? 어차피 내가 만들 건데 제작을 하면서 동시에 내용을 채워 넣어도 되지 않나?'라는 생각이 들 것이다. 하지만 경험한 바로는 세부 내용까지 미리 작성을 해놓지 않으면 홈페이지 제작을 하는 시간이 엄청나게 많이 늘어나고, 진행이 매우 더뎌지게 된다. 이것은 창작의 영역이기 때문에 콘텐츠별로 들어갈 글을 지어내는 것은 상당한 시간과 노력을 요한다. 그래서 각 콘텐츠별로 어떠한 문구를 추가할지 미리 다 써놓고, 어떠한 이미지를 사용할 것인지도 미리 다 준비를 해 놓은 다음 제작을 시작하는 방법을 적극 추천한다. 예시는 다음과 같다.

1-1) 소개
15년 경력의 70억 자산가 무역공주가 알려 주는 온라인 수출 노하우

무역공주를 소개합니다
- 뷰티인서울 대표 (2010년~현재)
- 알리바바닷컴을 통해 미용용품 수출 중
  (60개국 이상, 200여 개의 고정바이어)
- 알리바바닷컴 유료셀러회원 10년 차
- 연 순수익 4~5억, 지난 10년 누적 주문 1만 건 성사
- 하루 평균 주문 3~4건 성사
- 2019(저서) 《나는 알리바바로 40억번다》
- 2020 알리바바닷컴 공식 인증 강사자격

강의이력
- 2022~현재 클래스101

- '무역공주 서이랑과 함께하는 알리바바닷컴 셀링 마스터 클래스'
- 2020~2021 클래스101 '무역공주와 함께하는 알리바바로 40억 벌기'
- 2019-2020 파워컬리지 '알리바바 창업캠프'
- 2018 인천지방중소벤처진흥청
- 2018 남동공단여성새로일하기센터
- 2012 카페24
- 2012 트렌드헌터
- 2012 ESM스타트업

1-2) 강점

왜 무역공주인가요?

진짜 수출전문가

무역공주는 현재 60개국 이상, 200개 이상의 해외 거래처들에게 제품 수출을 하고 있는, 현역 수출 전문가입니다

온라인 마케팅전문가

무역공주는 100% 온라인 마케팅을 활용해서만 제품을 수출합니다.

풍부한 교육경험

2016년부터 수많은 기관에서, 수백명의 수강생들에게 교육을 진행하였습니다.

세부콘텐츠를 쓰다보면 홈페이지에 어울릴만한 멋진 문구를 작

성하는 것이 어렵다는 것을 깨닫게 될 것이다. 벤치마킹 사이트를 참고해도 되고, 쓰다가 너무 진행이 안 되면 챗GTP(https://openai.com/)에게 물어봐서 참고해도 된다. 예를들어, 챗GPT에게 '우리 회사는 OO을 판매하는 회사인데, 회사 소개좀 써 줘'라고 요청하면, 챗GPT가 멋진 회사 소개를 써줄 것이다. 챗 GTP에게 '우리 회사는 OO제품을 파는데, 우리 제품의 강점을 써 줘'라고 요청하면 제품의 강점까지 멋지게 정리하여 써 줄 것이다. 아무것도 없는 상태에서 창작을 해 내는 것은 어렵지만, 챗 GTP가 제공한 내용을 바탕으로 원하는 대로 수정하고 편집하여 사용하는 것은 훨씬 쉽다.

이미지도 미리 준비해야 하는데, 웹사이트가 멋지게 보이려면 어떤 이미지를 사용하는지가 대단히 중요하다. 만약 내가 가지고 있는 이미지가 충분하고, 퀄리티가 높다면 그것을 활용해도 되지만, 보통은 이미지가 없다. 무료로 이미지를 제공하는 사이트도 많이 있지만 막상 찾아보면 무료사이트에 있는 이미지는 마음에 꼭 맞는 것을 찾기가 어렵다. 나의 경우는 홈페이지를 많이 만들기 때문에 유료로 이미지를 다운받을 수 있는 사이트에서 정기결제를 하며 사용하고 있다. 홈페이지를 다 만들었는데도 이미지가 별로라서 영 마음에 안 든다면 유료로 이미지를 다운받아서 쓰는 것도 멋진 홈페이지를 만들기 위한 좋은 방법이다. 셔터스톡, 게티이미지, 클립아트코리아와 같은 이미지 사이트를 이용해 보자.

도메인

○ 도메인이란?

도메인은 인터넷에서 웹사이트나 이메일을 식별하는 주소이다. 일반적으로 도메인은 'www' 또는 'http'와 같은 프로토콜 식별자, 도메인 이름과 최상위 도메인으로 구성된다. 예를 들어 'www. abcd1234.com'이라는 도메인은 'www'가 프로토콜 식별자이고, 'abcd1234'가 도메인 이름이며, '.com'이 최상위 도메인이다. 도메인을 이용하여 인터넷상에서 웹사이트에 접속할 수 있다. 이러한 도메인을 잘 구매하고 관리하는 방법까지 알아보겠다.

인터넷 주소창에 'google.com'을 입력하거나 'naver.com'을 입력하면 구글이나 네이버에 접속된다. 구글에 접속하기 위해 구글의 도메인 주소를 사용하는 데 구글서버 IP를 사용하지 않는다.

'google.com'의 IP주소는 '142.250.206.206'이고 'naver.com'의 IP주소는 '223.130.200.107'이다. IP 주소만 넣어도 구글, 네이버에 접속할 수 있다. 하지만 IP는 외우기도 어렵고 기억하는 것은 거의 불가능하다. 대신 'google.com' 도메인을 이용하면 편리하게 웹 사이트에 쉽게 접속할 수 있다. 도메인을 사용하면 해당 도메인의 IP주소를 참조하여 해당 웹 사이트에 연결할 수 있다.

도메인은 DNS(Domain Name System)서버에서 관리된다. DNS서버는 1개가 아니고 전 세계에 분산되어 있으며 도메인을 IP로 변환해 준다.

DNS 셋팅은 도메인 이름과 IP주소를 연결하는 것을 말한다. DNS 셋팅은 홈페이지 운영에 있어 필수적인 요소이다. DNS 셋팅은 웹 사이트를 호스팅한 곳이나 도메인을 구입한 곳에서 가능하다. 해외의 DNS 셋팅 서비스를 이용하고 싶다면 클라우드플레어(cloudflare) 같은 곳을 이용할 수도 있다.

▸ 도메인의 중요성과 이름 만드는 팁

한 번 만든 홈페이지 도메인은 다양한 곳에 배포가 된다. 구글, 네이버, 다음과 같은 포털 사이트, 카카오스토리, 인스타그램, 페이스북과 같은 SNS플렛폼, 틱톡, 릴스, 유튜브와 같은 곳에도 배포된다. 블로그, 카페, 커뮤니티나 명함과 간판에도 알려지게 된다. 이렇게 여러 곳에 배포된 도메인은 다양한 곳에서 유입된다. SEO(Search Engine Optimization: 검색엔진최적화)에 반영되기 때문에 도메인을 변경하는 건 어려운 일이다. 변경한다면 SEO 작업이 처음부터 이뤄진다. 도메인을 정하는 것은 개발자가 변수명을 정하는 것보다 더 어렵다. 개발을 할 때 변수 이름에 대한 고민을 많이 하는데 홈페이지의 이름인 도메인 이름을 정하는 건 더 고민한다. 또한, 내가 생각한 도메인이 대부분은 다른 사람에 의해 등록되어 있다. 'com' 도메인의 경우 영어사전에 등재된 단어의 99%가 등록되었다고 한다.

좋은 도메인 이름을 만드는 방법에 대해서 알아보자. 좋은 도메인 만들기에는 간결한 도메인 사용하기(예:google.com, naver.com), 약어 사용하기(예:hp.com, ppss.kr), 브랜드이 이름 들어간 도메인 사용하기(예:baskinrobbins.com), 단어 조합하기(예:youtube.com) 등의 방법이 있다.

그래도 도메인을 결정하기가 어렵다면, 참고하기 좋은 사이트가 있다. 바로 개발자가 사용하는 변수 이름 힌트를 주는 곳인데, 'curioustore.com'이다. 한글로 '구글' 이라는 키워드를 넣었을 때 google, gool, ggl과 같은 약어를 알려준다. '사용자 비밀번호' 라는 키워드를 넣으면 USER_PASSWORD, userPassword, USR_PWD 등과 같이 알려준다. 다양한 키워드를 넣어서 조회해 보고, 조합해서 만들면 비교적 훌륭한 도메인이 탄생할 것이다. 또 다른 곳은 '고대디(godaddy.com)'의 도메인 생성기(https://kr.godaddy.com/domains/domain-name-generator)이다. 예를 들어, baskinrobbins라는 키워드를 넣으면 robbinsbaskin.com, baskinrobbinss.com 등 생각하지 못했던 기발한 아이디어로 도메인을 찾아준다.

내가 공들여서 도메인을 결정하고 구입해도 사람들은 잘 모르고 기억하지 못할 수 있다. 혹시 당근마켓의 도메인 주소를 아는가? 아마 모를 것이다. 당근마켓의 경우 도메인이 daangn.com이다. 당근마켓의 도메인 주소를 몰라도 검색엔진(google, naver, bing, daum)에 '당근마켓'이나 '당근'을 검색하면 당근마켓에 접속할 수 있다. 구글의 도메인을 모르는 사람도 웹 브라우저만 있다면 구글에 접속할 수 있다. 웹 브라우저 자체에서 검색엔진을 사용해서 구글(google.com)을 알려주기 때문이다. 마음에 드는 도메인을 찾았다면 너무 걱정하지 말고 도메인을 구입해 보자. 검색엔진에게 "내 도메인 이거에요" 하고 알려주는 방법이 있다. 뒤에서 배울 검색엔진최적화를 하면 된다.

• 도메인 구입 할 수 있는 곳

도메인을 구입할 수 있는 곳은 다양하다. 가비아(domain.gabia.com), 닷홈(dothome.co.kr), 카페24(cafe24.com), 호스팅케이알(hosting.kr) 등이 있다. 해외 도메인 구입 사이트는 고대디(godaddy.com), 네임칩(namecheap.com), 구글 도메인(domains.google.com) 등이 있다. '도메인은 그냥 아무 곳이나 사면 되지'라고 생각할 수 있지만, 도메인을 구입하는 곳마다 비용이 다르다. 도메인 1년 단위 비용이 판매하는 곳마다 다르고 구입 후 연장비용 또한 다르다.

예를 들어 '.com'의 가격을 알아보자. 1년 등록비용의 경우 가비아 20,000원, 호스팅케이알 13,600원, 구글도메인 12$, 고대디 19.99$다. 신규도메인을 등록할 경우 할인해서 판매하기도 한다. 대표적으로 고대디의 경우 1$도 안 되는 가격에 판매한다. 가비아의 경우 1.5만원이다. 저렴하다고 구입했는데 도메인 사용기간이 다가올 때 연장비용이 신규가격보다 가격이 오를 수 있다. 그렇기 때문에 도메인은 먼 미래를 생각해서 유지비 또한 저렴한 곳에서 구입하는 것이 좋다.

도메인 구입은 구입에서 끝나는 것이 아니라 DNS서버 셋팅과 CS처리(도메인 취소 환불, 셋팅 점검 등)를 할 일이 생기기 때문에 처음은 한국어로 응대해 주는 국내 도메인 거래사이트 이용을 추천한다.

도메인 가격을 검색하다 보면 *.xyz, *.shop, *.cloud, *.golf 등의 경우 도메인이 '.com' 이나 'co.kr' 비해 처음 구입할 때 가격이 상대적으로 저렴한 것들이 있다. 하지만 도메인 사용기간이 종료되고 연장할 때 가격이 10배까지 비싸지기도 한다. 사업이 지속적으로 유지된다고 했을 때 유지비용이 저렴하고, 인지도가 좋고, 보편적으로 이용하는 '.com'이나 'co.kr' 도메인을 구입하는 것이 좋다.

▶ 국내 추천 도메인 구입사이트 '호스팅케이알'

수많은 도메인 구입사이트 중에서 내가 '호스팅 케이알'을 추천하는 이유는 다음과 같다. 호스팅케이알은 한국어 기반의 사이트로, 구매뿐 아니라 CS 이슈가 발생했을 때 한국어로 처리가 가능하기 때문에 초보자에게 좋은 사이트이다. 이 뿐만 아니라 도메인 가격까지 유명 타 사이트에 비하여 저렴하다. '.com' 도메인의 경우 신규 연장비용이 1년에 13,600원(2023년 기준)이다. 추후에 연장비용까지 추가금 없이 동일하다. 다른 곳은 첫 1년만 이벤트 가격에 제공하고 다음 해에 연장비용 가격이 오르는 경우가 있다.

다양한 도메인 가격을 로그인 없이 한 번에 확인하여 비교할 수 있다. 또한 장바구니에 도메인을 넣었을 때도 1년 등록이 기본값으로 설정되어 있다. 다른 사이트는 2~3년으로 선택되는 곳도 있다. 2년, 3년씩 결제하고 사용 안 하는경우도 있기 때문에 불필요한 비용을 줄일 수 있다. 그리고 도메인을 사용하기 위해서는 DNS 서버 세팅이 반드시 필요한데, 호스팅케이알은 DNS서버 세팅이 비교적 간단하며, DNS 이전 역시 쉽고 간단하다.

호스팅케이알은 다양한 최상위 도메인을 제공한다. '.com', '.co.kr'을 비롯한 72개국 383개의 도메인(2023년 4월 기준)을 조회하고 구입할 수 있다. 국내 유명 IT회사인 다음(daum.net), 티스토리(tistory.com) 등이 호스팅케이알에 도메인 등록해 사용 중이며 'instiz.net', 'etoland.co.kr', 'todayhumor.co.kr'와 같은 커뮤니티 사이트들도 호스팅케이알을 이용하고 있다.

• 호스팅케이알에서 도메인 구입하기

도메인을 구입하기 위해 호스팅케이알에 접속한다. 호스팅케이알은 검색 창에 '호스팅케이알'을 검색해도 되고, 주소 'https://www.hosting.kr/' 를 직접 입력해도 된다.

N | 호스팅케이알

통합 VIEW 이미지 지식iN 인플루언서 동영상 쇼핑 뉴스 어학사전 지도 ···

www.hosting.kr

글로벌 IT 파트너 - 호스팅케이알(HK)

예약등록 · 기간 연장 · 리눅스 웹호스팅 · 마켓 플레이스 · 상품비교 · 구매 대행
KISA 고객만족도 최다 선정, 도메인 최저가 제공, 기업/공공도메인, 도메인연결/웹호스팅 무료, 서버, 아마존클라우드(AWS), G Suite, 홈페이지제작 1644-7378

호스팅케이알의 메인 화면에서 내가 생각한 도메인을 바로 검색할 수 있다.

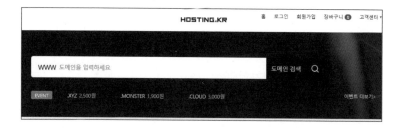

".xyz"".MONSTER" 등 이벤트 가격으로 안내되어 있지만, 1년이 지난 이후 연장할 때 금액이 정상가로 청구된다. ".xyz" 20,000원, ".MONSTER" 20,000원의 비용이 발생하기 때문에 주의해야 한다. 오래 사용해야 한다면 추천하지 않는다.

예를 들어, 'wordpressin1day' 도메인을 검색해 보았다.

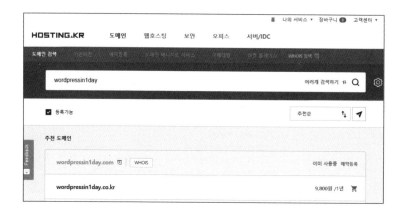

'wordpressin1day.com'은 사용 중이지만 'co.kr'은 등록이 가

능한 상태이며 가격도 함께 확인할 수 있다. 호스팅케이알에서 도
메인을 구입하고 관리하려면 회원로그인을 해야 한다.

'WHOIS' 버튼을 클릭하면 등록된 도메인의 정보를 조회할 수
있다.

호스팅케이알 회원가입과 로그인

호스팅케이알은 메가존의 그룹사이기 때문에 메가존의 아이디
를 사용한다. 그래서 회원가입 URL이 'https://login.megazone.
com/signup'으로 되어 있다. 가입페이지가 영어로 되어있지만 이
메일, 비밀번호 이름을 이용하여 가입해도 되고, 사용 중인 구글
아이디를 이용하여 가입해도 된다.

도메인 장바구니 담기

회원 가입 후 로그인 하였다면, 카트 모양을 선택하여 장바구니
에 추가할 수 있다.

'도메인 개인정보 보호'옵션을 선택하면 나의 개인정보(도메인 소유자의 정보로 이름, 이메일, 주소 등이 노출됨) 대신 호스팅케이알 정보로 노출된다. 도메인을 등록할 때 개인 정보를 입력해야 도메인이 종료될 때 알림 서비스가 제공된다. 필요할 경우 연장신청을 하면 된다. 더 이상 사용하지 않는다면 후에 유예기간, 삭제 대기기간을 거쳐 다른 사람이 구입할 수 있다.이 부분을 어떻게 할지 고민 된다면 당장은 선택하지 않아도 된다. 나중에 '도메인관리' ⇨ '나의 도메인' 메뉴에서 서비스 신청이 가능하다.

소유자 정보를 입력 후 다른 사항은 기본값으로 둔다. '저장 후 결제정보 입력하기' 클릭 후,

'이용약관'에 동의 후 '결제하기'를 클릭하여 결제하면 도메인 결제가 끝난다.

등록한 도메인 취소하기

도메인을 구입했는데 취소하고 싶을 경우 1:1 문의를 통해 취소가 가능한 도메인도 있다. 국내도메인(.kr)의 경우 등록일 포함 7일 이내

문의한 경우 취소가능, 국제 도메인과 일부 국가도메인 (.com, .net,.CN 등)은 등록 후 3일 안에 취소가 가능하며, 취소가 불가능한 국가의 도메인도 있다. 혹시 도메인을 취소하고 싶다면 1:1 문의를 해보자. 도메인에 따라서 등록 수수료가 차감되어 환불되기도 한다.

도메인 구입 후 관리하기

도메인 구입 후 도메인을 관리하는 방법을 알아보자. 등록된 도메인은 여기서 확인이 가능하다.

호스팅케이알 ⇨ 나의 서비스 ⇨ 도메인 관리

나의 도메인 화면에서 '보유 중'인 도메인을 확인할 수 있다.

관리할 도메인을 체크하면 '기간연장', '네임서버 변경', '포워딩', '파킹', '소유자 변경'의 메뉴가 활성화 된다. ' : ' 버튼을 클릭하면 다양한 기능이 활성화된다.

활성화된 메뉴에 대해서 알아보자.

기간연장 : 등록된 기간을 연장할 때 사용한다. 실제로 도메인을 구입하고 연장하지 못한다면 다른 사람에게 도메인 권한이 넘어 간다. 사실 도메인 구매는 영원히 소유할 수 없고 비용을 내고 임 대하는 것이다. 만기일을 넘어간 도메인은 누구나 해당 도메인을 등록할 수 있는데, 다른 사람이 등록한다면 그 도메인을 찾기란 큰 비용이 들어갈 수 있다. 사용 중인 도메인이라면 도메인 만기일 체 크가 꼭 필요하다. 호스팅케이알은 연장비용과 신규등록비용이 같다.

네임서버 변경 : 네임서버는 대표적으로 IP주소와 도메인 주소를 연결해주는 역할을 한다. 인터넷 주소창에 도메인을 입력할 때 도 메인 등록 시 지정된 네임서버를 통해 해당 도메인과 연결된 IP 주

소를 확인하여 연결하게 된다. 도메인 등록시에 네임서버를 지정하고, 해당 네임서버에 연결 설정을 해야 정상 이용이 가능하다. 호스팅케이알 자체의 네임서버가 있다. 호스팅케이알 자체의 네임서버를 이용할 수 있고 다른 네임서버(cafe24, iwinv, cloudflare 등)로 변경할 수 있다.

포워딩 : 다른 사이트나, 블로그, 카페 등과 같이 다른 페이지로 이동되도록 설정할 수 있다. 다른 네임서버를 사용한다면 이용이 불가능하다.

파킹 : 파킹 서비스는 정식 홈페이지를 준비 중이거나, 판매용도메인일 경우와 같이 각 목적에 맞게 임시 페이지를 연결할 수 있는 서비스다. 임시 페이지는 호스팅케이알에 제작한 템플릿 이미지를 사용하게 되며, 인사말 및 연락처를 수정하여 노출시킬 수 있다.

소유자 변경 : 도메인 소유자의 정보를 변경할 수 있다.

DNS 레코드 설정 : 네임서버에 서버의 IP 등을 등록 수정이 가능하다. 등록 가능한 레코드 유형으로는 A, AAAA, CNAME, TXT 레코드 등이 있다.

• DNS 레코드 설정 방법

도메인을 구입한 목적은 IP 주소를 연결하기 위해서였다. DNS 레코드 설정 방법에 대해서 알아보자. 네임서버 설정은 회사마다 조금씩 다르지만 대부분 비슷하다. 아래는 호스팅케이알의 네임서버를 사용할 경우의 방법이다.

① 호스팅케이알 ⇨ 나의서비스 ⇨ 도메인관리 로 이동한다.

② '도메인'을 클릭

③ 네 임 서 버 /
DNS 탭 클릭

④ DNS 레코드 관리에서 "새 DNS 레코드 추가" 를 클릭

⑤ 설정할 레코드 유형 및 값을 입력 후 저장(☑)한다.

⑥ 저장완료

DNS 레코드 추가 할 때 이름에 '@'을 사용하면 해당 도메인의 최상위 레벨인 루트 도메인이 설정된다.

1. 호스팅케이알에서 지원하는 DNS레코드 유형

호스팅케이알에서 지원하는 DNS레코드 유형에는 A, AAAA, CNAME, MX, SPF, SRV, TXT가 있다. 다른 유형의 레코드 등록이 필요하다면 1:1 문의를 통해 추가할 수 있다.

A 레코드 : 호스트 이름을 IPv4 주소로 매핑하는 주소 레코드이다. 일반적으로 흔히 알고 있는 IP 설정이 가능하다.

예) 127.0.0.1

AAAA 레코드 : 호스트 이름을 IPv6 주소에 매핑하는 IPv6 주소 레코드다.

CNAME 레코드 : 별칭 이름을 지정하는 표준 이름 레코드다.

MX 레코드 : 메일 수발신을 위한 레코드다. 도메인으로 메일을 사용하기 위해서는 필수로 설정해야한다.

SPF 레코드 : SPF (Sender Policy Framework) 이메일 스팸을 막기 위해 DNS에 등록하는 레코드 중 하나다.

SRV 레코드(서비스레코드) : 서비스를 호스팅하는 서버의 위치(호스트 이름 및 포트 번호)를 식별하는데 사용되는 DNS 레코드다.

TXT 레코드 : 도메인 소유권 이나 소유자 정보 인증등에 사용된다.

2. DNS적용 시간

DNS 레코드가 추가되거나 수정되어도 변경된 정보가 갱신될 때까지 시간이 필요하다. 보통은 30분 안에 적용되지만 최대 48시간이 소요될 수 있다.

DNS 레코드 확인하기

인터넷을 이용해 DNS 수정 상태와 레코드 값을 확인할 수 있다. "https://www.whatsmydns.net/"

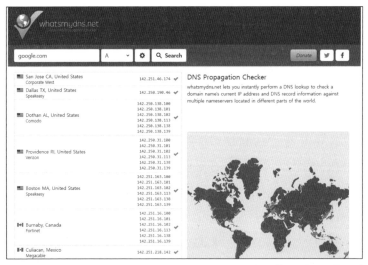

윈도우 또는 리눅스 콘솔에서도 nslookup 명령어를 이용하여 DNS를 확인할 수 있다.

• 도메인 연장하기

도메인연장은 도메인의 사용기간이 끝나기 전에 만료일을 연장하는 것이다. 구입한 도메인은 사용기간이 있다. 사용기간이 지나면 해당 도메인을 사용할 수 없게 된다. 만료일이 지나더라도 만료일로부터 30일까지 복구기간이 있고 복구기간을 거쳐 최종 삭제된다. 삭제된 도메인을 낙장도메인이라고 부르기도 한다.

도메인 연장 방법에 대해서 알아보자.

1.호스팅케이알 ⇨ 기간 연장 클릭

2. 연장할 도메인을 선택 후 "바로연장" 버튼 클릭

도메인 사용기간이 남아있는 경우 만기일이 표시되고, 만기되었을 경우 연장 가능일이 표시된다.

• 도메인 미인증 처리 하기

일부 도메인의 경우 등록정보 정확성 유지 정책으로 도메인 등록이나 도메인 소유자 정보가 변경이 되면 이메일 인증을 받아야 한다. 호스팅케이알의 경우 웹에서 간편하게 인증할 수 있다. 도메인 인증처리가 되지 않을 경우 DNS 레코드 설정을 할 수 없다.

미인증된 도메인의 경우 도메인에 느낌표 표시가 발생한다. 인증하는 방법에 대해서 알아보자.

1.해당 도메인 라인의 도메인 정보를 클릭한다.

2. 인증하기를 클릭한다.

3. 인증버튼을 클릭한다.

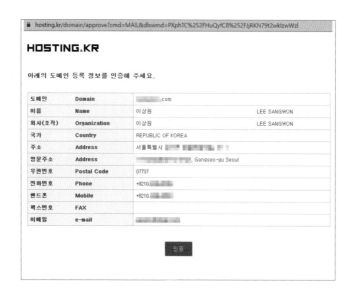

4. 인증 완료

인증 완료 안내를 확인할 수 있고 도메인 인증이 완료되었다. 나의 도메인에서 확인할 수 있다.

도메인 구입부터 관리 연장까지 알아보았다. 다음 장에선 서버에 대해서 알아보겠다.

서버

워드프레스로 홈페이지를 만들기 위해서는 나의 홈페이지를 저장할 공간인 서버(Server)가 필요하다. 서버는 홈페이지를 만들기 위해서 반드시 필요하지만, 직접 운영하는 데에 많은 개발 관련 지식이 필요하다. 그리고 서버는 항상 심각한 해킹 이슈가 발생한다. 개발 지식이 크게 필요하지 않으면서 보안과 보안 인증서 기능까지 자동으로 제공하는 곳이 바로 호스팅 서비스 중 하나인 '관리자 패널이 있는 클라우드 서버'다.

이번 장에서는 첫 번째로 서버가 무엇이고, 어떤 종류가 있는지 알아보며, 왜 직접 운영하는 것이 어려운지 알아본다. 두 번째로는 서버를 대신 운영해 주는 호스팅을 알아보고, 여러 가지 호스팅 종류의 특징을 설명한다. 마지막으로 해킹, 보안, 보안 인증서 관련 내용을 알아보고 호스팅부터 보안 관련 이슈까지 한 번에 해결해 주는 '관리자 패널이 있는 클라우드 서버'에 대해 알아보자.

○ 서버(Server)란?

　팀 버너스리(Tim Berners-Lee)는 1989년 인터넷을 이용해서 웹을 만들었다. 두 대의 컴퓨터를 이용해 웹 브라우저(Web Browser), 웹 서버 프로그램을 개발했다. 그가 만든 최초의 웹페이지 주소는 "http://info.cern.ch/"이다. 웹 브라우저는 사용자가 인터넷상에서 웹페이지를 열어볼 수 있도록 도와주는 클라이언트(Client) 프로그램이다. 크롬이나 파이어폭스가 대표적인 웹 브라우저이다. 그리고 웹 서버(Web Server)는 웹 페이지를 저장하고 관리하는 프로그램을 말한다.

　웹 브라우저를 이용하여 웹 페이지를 열고자 한다면, 먼저 웹 브라우저가 웹 페이지가 저장된 웹 서버에게 정보를 요청(request)한다. 이때 웹 브라우저는 클라이언트 역할을 하며, 웹 서버는 서버 역할을 한다. 인터넷의 발전과 함께 다양한 클라이언트와 서버 프로그램이 개발되었다.

　서버(Server)는 인터넷에서 웹 페이지, 이미지, 동영상 등을 저장하고 있다가 요청이 오면 해당 파일들을 제공한다. 서버는 사용 용도와 목적에 따라 종류가 다양하다. 온라인 게임을 하기 위한 게임 서버, 채팅을 할 수 있도록 도와주는 채팅 서버, 데이터를 관리해주는 데이터베이스 서버, 웹페이지는 전달 해주는 웹 서버, 동영상을 저장하고 전송해주는 동영상 서버, 이메일을 발송하고 보관해주는 메일 서버, 파일을 주고받을 수 있는 파일 서버 등이 있다.

서버 직접 운영의 어려움

서버를 직접 운영하는 것이 왜 어려운지의 이해를 돕기 위해 설명한 것이니, 너무 복잡하고 어렵게 생각하지 말자. 마지막 부분에 설명할 클라우드 서비스를 사용하면 서버를 직접 운영할 필요가 없다는 것만 미리 인지하고 가볍게 읽어나가길 바란다.

홈페이지를 만들기 위해서는 여러 가지 서버 중에 웹 서버와 데이터베이스 서버가 필요하다. 웹 서버는 개발환경 테스트가 가능한 웹 개발서버, 웹 운영서버로 분리하여 운영할 수 있다. 콘서트나 명절 기차표 예약할 때처럼 많은 트래픽(접속량)이 발생할 경우 부하를 분산시키기 위한 로드 밸런싱(Load Balancing)도 필요하다.

홈페이지의 웹 서버의 종류로는 Apach Web Server(무료 오픈소스 HTTP서버), Nginx WEB Server (무료 오픈소스 HTTP서버), IIS(Internet Information Services) WEB Server(Microsoft의 윈도우에서 운영되는 웹 서버프로그램)등이 있다.

데이터베이스서버로는 Mysql, Oracle, Access, MariaDB 등이 있다.

IIS나 oracle 같은 경우 서버에 설치할 경우 라이선스 비용이 비싸다. 그리고 서버 사양과 설치하려는 버전에 따라서 세팅 값 등이 달라진다. 서버가 안전하게 운영되기 위해서 호환성과 보안까지도 점검해야 한다.

서버 컴퓨터를 구입 후 서버OS(Operating system: 운영체제)를 설치하는 과정, 웹 서버를 설치 도중 해킹을 당할 수 있다. OS 설치 중에는 방화벽 설정이나 보안패치가 부족한 상태이기 때문에 해킹당하기 쉽다. 서버로 사용되는 컴퓨터는 해킹 당하지 않도록 복잡하고 어려운 암호를 설정해야하고 OS도 업데이트해야 하며 보안 패치도 최신으로 관리해야한다. 보안패치와 방화벽 세팅이 완벽한 서버 컴퓨터도 하드, RAM, 메인보드 등이 고장 날 수 있다. 전기 공급이 불안하여 정지될 수도 있다. 시스템을 업그레이드하는 과정에서도 24시간 유지되어야 하는 서버가 멈출 수도 있다.

은행의 경우도 시스템 점검기간이 있다. 점검 시에는 체크카드 결제도 안 되고 계좌이체서비스도 이용할 수 없다. 서버를 직접 운영하기 위해서는 서버 전문 운영자의 도움을 받아야 한다.

직접 본인의 컴퓨터에 서버를 설치하여 운영한다고 가정해 보자. 예를 들어 집에 있는 PC에 서버를 설치하려고 하면, 먼저 고정 IP 세팅을 받아야 한다. 고정아이피를 이용하려면 기존 인터넷 회선에 VPN(Virtual Private Network)을 이용하는 방법이 있고 통신사로부터 IP를 고정하여 받는 방법이 있다. VPN을 이용한 설정은 월 1만 원대로 저렴하지만 속도가 느린 편이고, 통신사로부터 고정 IP를 발급받는 경우 1개의 아이피 당 3~5만원 정도의 비용이 발생한다.

인터넷 부분이 해결되면 안전한 전원관리를 위해 전원관리 시스템을 구축해야 한다. UPS(Uninterruptible Power Supply)는 전원 공급이 일시적으로 중단되더라도 일정기간 전원을 유지해준다. 서버는 고온 다습한 환경에서 동작하기 어렵기 때문에, 안정적인 온도와 습도를 유지해야 한다. 이런 완벽한 환경을 만들어도 서버가 작동될 때 발생하는 소음은 해결할 수가 없다.

전원관리와 인터넷 회선, IP, 온도, 습도 역시 관리해야 하는데, 이 모든 작업들을 IDC(Internet data center: 인터넷 데이터 센터)에 신청하면 해결된다. IDC에서 코로케이션 서비스(사업자가 직접 서버를 관리하지 않고, 인터넷 서비스를 제공하는 사업자가 초고속 인터넷 백본 망에 서버를 연결해주고 관리해 주는 사업 형태)를 이용하면 된다. 인터넷 회선(속도), 서버의 물리적 크기나 사용 전기용량 따라서 관리비용을 받는데 1U(높이 4.5cm) 기준 5~7만 원의 비용이 매달 발생한다. 데스크탑 형태의 PC는 부피가 더 크기 때문에 더 높은 비용이 발생한다. 전원 공급과 온도, 습도, 먼지를 관리해 주며, 매달 5~7만 원에 전기요금이 포함되어 있기 때문에 비싼 가격은 아니다. 하지만 IDC를 이용해도 OS나 기본적인 시스템 소프트웨어 설치는 직접 해야 한다.

결론적으로 말해 개인 PC에 컴퓨터에 웹 서버를 설치하고 실습하는 것은 매우 어려운 일이다. 서버가 잘 작동되지 않는 이유는 수십, 수백 개나 된다. 그래서 직접 서버를 운영하는 것보다는, 서버를 대신 운영해는 호스팅 서비스를 이용하는 것을 추천한다. 호스팅 서비스를 이용하면 서버를 운영하기 위한 시간과 비용을 절약할 수 있다.

▪ 서버 호스팅의 종류

서버 호스팅에도 여러 종류가 있다. 공유 호스팅, 전용 호스팅, 가상서버 호스팅, 클라우드 호스팅 등등이 있다. 호스팅의 종류도 많고 서비스를 제공하는 회사도 많이 있다. 저자는 서버를 직접 세팅 해서 운영도 해보고, 다양한 회사에서 여러 가지 호스팅을 이용해 보았다. 내가 직접 사용하면서 느낀 점을 솔직하게 설명할 테니, 호스팅 업체를 선택하는 데에 참고하기를 바란다.

공유호스팅

홈페이지를 처음 만들 때 대부분의 사람들이 사용하는 것은 공유 호스팅이다. 예를 들어, 가비아나 카페24가 대표적으로 공유 호스팅을 제공하는 회사이다. 공유 호스팅은 여러 가지 호스팅 방법 중에서 비용이 가장 저렴하다는 장점이 있다. 국내 공유 호스팅 서비스를 이용할 경우 월 이용료가 천 원도 들지 않는다. 가격도 저렴하고, 단독 호스팅에 비해 제공받는 서비스도 나쁘지 않다. 공유 호스팅에서 사용가능한 도메인의 개수는 1개에서 10개 정도이다. 사용가능한 도메인 수만큼 홈페이지를 만들고 관리할 수 있다.

하지만 공유 호스팅은 말 그대로 하나의 서버 자원을 '공유' 한다. CPU(Central processing unit 중앙처리장치), 메모리, 인터넷 회선을 공유하기 때문에 많은 대용량 트래픽이 발생하거나 CUP 자원이나 메모리를 많이 차지하는 경우, 내 홈페이지의 응답이 없거나 매우 느려진다. 예를 들어, 온수를 생각하면 된다. 주방에서 설거지하면서 온수를 쓰면, 욕실에서 온수 공급이 원활하지 않은 것과 같은 원리이다.

다양한 원인으로 인해 서버가 멈출 수 있고, 여러 시간 공들여 만든 콘텐츠가 저장이 안 될 수도 있다. 특정 사용자의 잘못으로 내가 만든 홈페이지가 함께 해킹 되는 일도 있다. 1일 사용량이 제한되어 사이트가 잠시 중지 되는 것은 그나마 다행이다. 접속 부하가 너무 크다는 이유로 서비스 제한을 받아 접속을 차단시킨다. 나 역시 이런 경우가 발생해서 고객센터에 문의하니, 단독 호스팅을 이용하라고 안내를 받았다.

해외 공유 호스팅의 경우 국내보다는 조금 더 비용이 저렴하다.

하지만 언어가 영어이기 때문에 홈페이지를 운영하면서 생기는 문제점에 대해서 빠른 지원을 받기 어렵다. 12개월이나 24개월의 사용료를 한 번에 결제해야 하는 경우도 있다. 그리고 신규 회원은 저렴하지만 연장할 때 비싼 비용을 받는 경우가 많이 있기 때문에 잘 알아보아야 한다. 해외 호스팅 회사로는 고대디, 호스팅어, 블루호스트, 사이트 그라운드, 페스트 코멧 등이 있다.

단독 호스팅

단독 호스팅은 하나의 서버를 모두 사용하는 방식이다. 공유 호스팅과 달리 서버의 자원을 모두 사용할 수 있다. 추가할 수 있는 도메인은 10~100개 정도로 공유 호스팅보다 훨씬 많은 도메인을 사용할 수 있다. 단독 호스팅은 공유 호스팅에 비해 콘텐츠가 삭제되지 않고 잘 유지된다는 정도의 장점이 있다. 단독 호스팅을 운영하기 위해서는 서버 기초 지식이 많이 있어야 하며, 초보자는 이용하기 어려울 수 있다.

월 3~5만 원 정도의 단독 호스팅을 사용해본 적이 있다. 체감 속도는 공유 호스팅에 비해 훨씬 느리고 답답했다. 워드프레스를 설치 후 관리자 화면이 로딩 되는 속도가 너무나 느렸다. '공유 호스팅에 비해 비용은 몇십 배 가까이 올라갔는데 이 모양이지?' 하고 보니 공유 호스팅에 설치된 서버보다, 뒷받침 해줄 서버의 스펙(cup, ram 등의 사양)이 부족한 것이 원인이었다. 물론 더 비싼 단독 호스팅을 사용한다면 해결될 문제이지만, 월 10만원 이상의 비용은 너무 부담스럽게 느껴졌다.

단독 호스팅 역시 공유 호스팅과 마찬가지로, 만약 내가 만든 홈페이지 하나에서 많은 자원(CPU, RAM 등의 서버자원)을 사용해버리면 다른 홈페이지는 응답이 없고 안 열릴 수 있다.

가상서버 호스팅

단독 호스팅보다 좋은 서버를 가상서버VM((Virtual Machine, 가상머신)으로 분할하여 개별 서버 자원처럼 운영하는 방법이다. 공유 호스팅과 단독 호스팅의 중간 형태이지만 서버 리부팅(재시작) 정도만 지원하며, 서버 소프트웨어는 직접 설치하고 유지보수 해야 한다. 서버 OS는 자동으로 설치되는 편이다. 워드프레스를 유지하기 위해서 mysql, Nginx 등의 서버프로그램을 직접 설치해야 하고 상세한 서버 세팅이 필요하다. 단독 서버를 운영할 때처럼 서버 기초 지식이 많이 있어야 한다.

클라우드 서버 호스팅

클라우드 서버 호스팅이란 여러 대의 서버를 하나로 묶어서 가상서버처럼 사용하는 방식을 말한다. 클라우드 서버 호스팅은 사용량에 따라 서버의 사양을 늘릴 수 있다. 클라우드서버 호스팅은 국내의 경우 네이버, KT에서 제공하고 있다. 해외 클라우스 호스팅하는 곳은 아마존 웹 서비스(aws), 마이크로소프트 애저(Azure), 구글 클라우드 플랫폼(GCP), Vultr등이 있다.

하지만 클라우드 서버 호스팅을 이용하여 홈페이지를 만들기 위해서는 단독서버나, 가상서버 호스팅처럼 서버의 기초지식이 많이 있어야한다. 그리고 공유 호스팅처럼 쉬운 홈페이지를 만들기 위해 WHCP (Web hosting Control panel)를 설치하여 운영할 수 있다.

　WHCP에는 cPanel 이나 Plesk 등이 있다. 패널을 이용하면 ftp, 데이터베이스 관리, 워드프레스 신규 생성, 도메인 관리 등이 간단해진다. 보통 클라우드서버 호스팅을 이용하여 홈페이지를 운영할 경우 WHCP까지 설치해서 운영한다. WHCP를 이용하면 클릭만으로 워드프레스를 생성하고 도메인을 연결할 수 있다.

　하지만 WHCP를 설치하는 것이 결코 만만한 작업은 아니다. 만약 서버 부하로 생성한 서버가 응답이 없어 패널이 열리지 않으면 서버가 멈춘다. 대개 비용은 단독 호스팅보다 저렴한데, 좋은 사양의 서버를 선택할 경우에는 비용도 올라간다. 선택하는 서버 사양에 따라서 비용이 달라지는 것이다.

　일반적으로 서버 사양을 변경하려면 서버를 중지시켜야 하기 때문에 서버를 다른 곳으로 이전한 후에 사양 변경을 한다. 하지만 클라우드 서버 호스팅은 서버를 이전하지 않고 클릭 한 번으로 사양을 내 마음대로 변경할 수 있는 장점이 있다.

　서버를 조금 더 저렴하게 이용하고 싶다면 도전해 볼만 한다.

◯ 해킹과 주의사항

단독서버를 운영해 보고, 공유 호스팅을 사용해도, aws 사용해도 해킹은 피할 수 없었다. 심지어 IDC에 운영 중인 서버도 해킹당한 적이 있다. 해킹 당한 경험을 공유하려고 한다.

• 해킹과 보안 문제

자체 웹서버를 만들어 운영한 적이 있는데, 사용자 비밀번호 화면에서 어떠한 비밀번호를 넣어도 접속할 수 없었던 적이 있다. 윈도우 서버를 사용 중이었는데 사용자 비밀번호를 초기화하고 접속해 보니 서버를 해킹 당하여 코인을 채굴하는 프로그램이 설치된 적이 있었다. 다행히 로컬 환경의 개발 서버는 해킹 당하지 않아서 서버를 다시 초기화 하고 복구하였다.

저렴하게 유지 중인 공유 호스팅도 해킹 당한 적이 있다. 호스팅 사의 보안에 정책이 있다고 하지만, 나만 잘해서 되는 게 아니고 공유하는 누군가가 해킹을 당하면 같은 서버에 공유하여 사용하고 있는 모두가 피해를 볼 수 있기 때문이다.

IDC(인터넷 데이터센터)에 위탁하여 관리하던 서버가 랜섬웨어(Ransomware: 사용자의 컴퓨터를 장악하거나 데이터를 암호화한 다음 정상적인 작동을 위한 대가로 금품을 요구하는 유형의 컴퓨터 바이러스)에 감염된 적도 있다. 당시에 서버에 있는 모든 자료가 복구 불가능하여 삭제(초기화)하였다. 다행히 중요한 자료는 백업이 되어 있어서 상당한 시간을 들어 서버를 초기화하고 복구할 수 있었다.

시버를 IDC에 보내기 전에 서버OS 실지부터 직접 하나가 해킹 당한 적도 있다. 서버 cpu 자원 사용량이 너무 높아져 속도가 느려졌다. 알고 보니 랜선을 연결한 상태로 OS설치를 하다 보니 방화벽이 작동되지 않아 해킹당한 것이었다. 랜선을 뽑고 다시 설치하여 해결했다.

해외 호스팅 업체를 이용하다가 해킹 당한 적도 있다. 웹 사이트가 리다이렉션(페이지가 다른 곳으로 이동됨) 되거나 등록하지 않은 게시물이 검색엔진에 색인된 적이 있었다. 알고 보니 호스팅하는 곳 자체가 해킹되어서 발생한 일이다. 그 도메인은 해킹당한 이후로 구글에서 스팸 처리하여 구글 ads(구글광고) 서비스를 이용할 수 없었고, 광고를 진행하지 못하게 되었다. 몇 년간 유지했던, 상위 노출이 잘 되던 도메인이 스팸 도메인이 되어 버렸다. 해당 도메인에서 발생하던 높은 구글 에드센스 수익이 발생하지 않게 되어 당시에 상심이 정말 컸었다.

가장 심각한 것은 클라우드 서버 해킹이다. 클라우드 서버가 해킹 당하면 정말 난처한 일이 생긴다. 클라우드 서버가 해킹 당하면 단 며칠 사이에 비싼 요금이 청구된다. 잠깐 사이 수천만 원의 과금이 되는 경우도 보았다. 클라우드 서버의 해킹은 생각보다 많이 발생하는 이슈다.

이렇듯이 서버를 운영하고 호스팅을 이용하면서 발생하는 해킹 이슈는 너무나 빈번하게 생긴다. 해킹 당한 서버를 복구하는 데 가장 중요한 것은 백업이며, 수고롭더라도 홈페이지를 운영하면서 항상 백업을 신경 써서 해 두어야 한다.

• 보안 인증서 SSL(Secure Sockets Layer) 관련

홈페이지 주소를 보다 보면 'https://'로 시작하는 것과 'http://'로 시작되는 것을 본적이 있을 것이다. 'https://'는 SSL인증서라는 것이 적용된 곳이고 'http://'로 시작했다면 보안인증서가 적용이 안 된 곳이다. SSL 인증서가 설치된 곳은 주소창에 자물쇠 표시가 나온다.

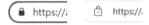

설치되지 않은 곳이라면 다음과 같은 경고 표시가 생긴다.

SSL(Secure Sockets Layer)인증서란 우리가 접속하는 웹 브라우저와 서버 간 암호화 통신을 하게 해주는 인증서로, 즉 웹 상에서 고객이 입력한 정보가 웹 서버로 이동하는 구간을 암호화하여 전달하는 것을 말한다. 보안 인증서는 중간에 정보를 가로채는 공격을 막아주는 역할을 한다.

개인정보를 취급하는 모든 웹 사이트에는 SSL 인증서를 설치, 적용해야 한다. 예를 들어, 아이디, 비밀번호, 전화번호, 이메일 등의 개인정보를 입력하는 페이지가 있으면 반드시 SSL 인증서를 설치해야 한다. 회원가입 기능이 없더라도 게시판이나 문의사항에 개인정보(이름, 이메일, ID, 패스워드 등)를 입력받는다면 SSL 인증서 설치는 의무이다.

테스트 홈페이지라면 필요가 없지만 어느 정도 방문자가 발생한다면 인증서 설치는 꼭 필요하다. 「정보통신망 이용촉진 및 정보보호 등에 관한 법률」제28조, 제67조에 의해 별도의 안내를 받을 수 있다.

홈페이지에 접속하는 사용자 입장에서 위 이미지와 같이 안전하지 않음, 주의 요함이라는 경고 표시가 생기게 되면, 신뢰도가 떨어지게 된다. 홈페이지에 경고 문구를 없애고 싶다면 SSL 인증서를 설치해야 한다. 인증서는 유형에 따라서 무료도 있고 100만원이 넘는 상품까지 다 양하다. 만약 직접 서버를 구성했다면 인증서를 서버에 직접 설치해야하고 매년 관리를 해야 한다. 인증서 기간이 종료된 경우 SSL 인증서가 설치되었어도 보안경고가 나올 수 있다.

▪ 만능 해결사 클라우드 웨이즈

클라우드서버 호스팅+패널+보안+인증서+백업까지!

앞서서 여러 가지 서버에 관련된 것들을 알아보았다. 직접 서버를 운영하는 것은 어렵고, 호스팅을 이용한다고 해도 각 호스팅별 장단점이 존재한다. 클라우드 서버 호스팅이 비교적 서버 생성이 간편하고 빠르지만, 패널 설치가 어렵다는 단점이 있다. 해킹과 보안인증서 등의 이슈도 해결해야 할 숙제이다.

결론적으로 내가 최종적으로 사용하고 있는 호스팅이 바로 '클라우드 웨이즈'라는 호스팅이며, 독자들에게도 클라우드 웨이즈를 추천한다. 클라우드 웨이즈는 속도가 빠르고, 패널 설치가 되어 있고, 물론 확장성까지 좋다. 여기에 안정적인 보안환경을 제공하며, 보안인증서를 무료로 설치할 수 있고, 자동 백업기능까지 갖추고 있다. 이렇게 서버를 운영하며 직면하게 되는 여러 가지 문제를 한 방에 해결해 주는 것이 바로 클라우드 웨이즈이다.

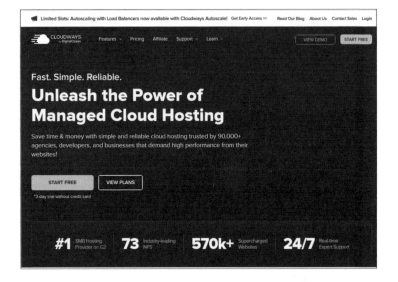

클라우드 웨이즈에서는 DigitalOcean, VULTR, Linode, aws, GoogleCloud 같은 클라우드 서버를 선택할 수 있다. 비용만 따져 본다면 aws나 VULTR의 클라우드 서버를 직접 운영하는 것이 저

렴하지만, 앞서 설명했듯이 직접 서버를 설치하고 운영하는 것이 매우 수고롭기 때문에, 결론적으로 클라우드 웨이즈가 좋다. 문제가 생기면 CS 치리도 가능하다. 클릭 몇 빈으로 내가 원하는 서버 사양으로 서버를 생성할 수 있고 시간 단위로 사용한 요금만 후불로 청구가 된다. 만약 서버 사용을 중지하고 싶다면 생성한 서버를 삭제하면 끝난다.

또한 비용 역시 국내 단독 호스팅과 비교했을 때 저렴한 편이다. 더불어 생성된 서버 자원에 무제한 워드프레스 추가가 가능하다. 많은 트래픽 사용으로 서버가 응답이 없더라도 언제든 클라우드웨이즈에 접속해서 웹 서버를 제어(사용량 조회, 재부팅 등)할 수 있다. 만약 클라우드서버 호스팅에 WHCP를 직접 설치했다면, 서버가 응답이 없을 경우, 관리 패널도 응답이 없기 때문에 제어하기가 어렵다. 하지만 클라우드 웨이즈는 서버 바깥에 관리패널이 있기 때문에, 내 서버가 응답이 없더라도 클라우드 웨이즈 서비스가 중단되지 않는 이상은 서버 상태를 모니터링하고 제어할 수 있다.

이번 장에서는 서버가 무엇인지와 여러 가지 호스팅의 장단점, 해킹과 보안의 이슈에 대해서 알아보았다. 다음 장에서는 클라우드 웨이즈를 이용해 워드프레스 홈페이지 설치하는 방법을 배워 보자.

3장

워드프레스
설치하기

클라우드 서버에
설치하기

◐ 클라우드 웨이즈 회원가입하기

앞(워드프레스란)에서 워드프레스는 설치형(WordPress.org)과 가입형 (WordPress.com)이 있는데, 가입형은 별도의 준비 없이 바로 이용할 수 있으나, 프로그램의 이용에 제약이 많으므로 이 책에서는 설치형 워드프레스에 대해서 다루기로 했다.

설치형은 워드레스는 테마와 플러그인을 제한 없이 설치할 수 있다. 그리고 호스팅 서비스를 어떤 곳을 선택하느냐에 따라 워드프레스를 자동으로 설치할 수 있는 옵션이나, 무료 SSL 인증서의 설치를 쉽게 도와주기도 한다.

앞장에서 장점을 살펴본 클라우드웨이즈를 이용한 워드프레스 설치 방법을 가장 먼저 알아보자. 클라우드웨이즈에서의 워드프레스 설치를 추천하지만 독자들에게 다양한 선택권을 주기 위해, 나아가서 공유호스팅 FTP를 이용한 워드프레스 설치, 또 내 컴퓨터에 워드프레스 설치하기까지 총 3가지의 워드프레스 설치하기 방법을 알아 보도록 하겠다.

사실 내가 워드프레스 홈페이지 제작 교육을 해 본 결과 대부분, 거의 90% 이상의 사람들이 워드프레스를 설치 단계에서 포기하고 만다. 현재 책에서 설치하기 관련 내용만 해도 상당하기 때문에, 과연 '내가 할 수 있을까'라는 생각이 들 수도 있을 것이다. 하지만 필요한 부분을 따라 하면 쉽게 할 수 있다. 보안과 속도가 최적화된 홈페이지 하나 만드는 데 5분이면 충분하다.

클라우드웨이즈는 서버를 생성하고 워드프레스를 설치하는 것이 간편할 뿐 아니라, 서버를 관리하고 모니터링하며 백업까지 할 수 있는 서비스를 제공한다. 책으로만 볼 때는 양이 많아서 복잡해 보일 수 있지만, 막상 들어가서 따라하다 보면 화면구성이 간단하게 되어 있으니 겁먹지 말자.

• 1. 회원가입하기

일단 가장 먼저 클라우드웨이즈에 회원가입을 해야 한다. 도메인은 'https://www.cloudways.com/'이다.

우측 상단에 'START FREE' 버튼을 클릭한다. '*3-day trial without credit card'라는 문구가 나오는데, 결제 정보를 입력하지 않아도 3일 동안 무료로 사용할 수 있다.

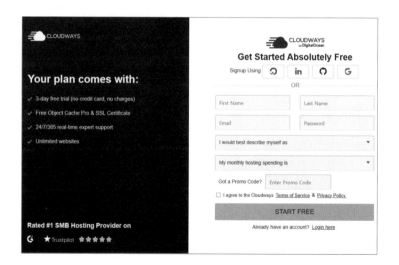

회원가입은 구글(https://www.google.com/), 디지털오션(https://www.digitalocean.com/), 링크드인(https://www.linkedin.com/), 깃허브(https://github.com/) 등의 계정을 사용하거나 이메일 인증을 통해 가입을 할 수 있다. 링크드인, 깃허브, 구글을 사용할 경우 각 계정에 로그인 후 동의만 해주면 가입이 된다.

'Got a Promo Code?' 부분에 'RAON' 또는 'raon'을 입력하면 유료로 사용할 경우 3개월 동안 사용요금의 30%를 할인 받을 수 있다.

이메일을 통해 가입할 경우 다음과 같은 화면에 해당하는 정보를 입력하면 된다. 이메일 정보는 자주 사용하고 쉽게 확인 가능한 이메일을 사용하는 것이 좋다. 신규 디바이스나 다른 장소에서 로그인 시도를 할 때 보안 절차 때문에 이메일을 수신 받고 코드인증을 해야 한다.

① Fist Name : 영문 이름

② Last Name : 영문 성

③ Email : 로그인용 이메일

- 인증메일이 발송된다. 로그인 할 때 접속 경로가 의심될 경우 코드 문자가 발송된다.

④ Password : 비밀번호

- 비밀번호는 최소 8자 이상 60자 미만, 대문자, 소문자, 숫자를 1번 이상 사용해야 한다.

⑤ I would best describe myself as : 간단한 자기소개하기

- 5개의 선택 가능한 옵션이 생긴다.

- • Digital Agency
- • Ecommerce
- • Other Businesses
- • Blogger
- • Freelance Developer/Designer

- 어떠한 선택해도 불이익은 없다. 고민된다면 'Other Businesses'를 선택하자

⑥ My monthly hosting spending is : 한 달 호스팅 비용

- 어떤 것을 사용해도 상관없다 많은 트래픽이 접속되길 바라며 가장 큰 $5,000로 선택하자.

$0 - $50 (USD)

$50 - $250 (USD)

$250 - $1000 (USD)

$1000 - $5000 (USD)

$5000 (USD) or above

- ⑤번과 ⑥번 항목은 어떤 걸 해도 회원가입하는 데 문제는 없다.

⑦ Got a Promo Code ? : 할인코드

'RAON' 또는 'raon'을 입력하면, 유료 사용할 경우에 3개월 동안 30% 의 할인이 제공된다. 할인코드를 입력하지않아도 회원가입이 가능하다.

⑧ I agree to the Cloudways Terms of Servece & Privacy Policy : 회원가입 약관 동의하기

⑨ START FREE

- 클라우드웨이즈는 첫 가입시 3일 안에 무료로 사용할 수 있다.

1번부터 9번까지 입력을 마친 후에, 이메일이 활성화되어 있지 않은 경우, 인증을 해달라는 메시지가 나올 수 있다. 상단에 초록색으로 'VERIFY YOUR ACCOUNT'라는 인증 관련 문구가 나온다.

인증하지 않아도 서버 생성은 가능하지만 인증을 먼저 끝내도록 하자. 이메일을 한 번 클릭하면 종료된다.

초록색 버튼인 'RESEND EMAIL'을 클릭하면 인증메일을 다시 받을 수 있다. 회원가입 할 때 입력한 이메일로 활성화 이메일이 전송된다. 만약 이메일이 오지 않았다면 스팸 메일함도 열어보자. 이메일을 열어보면 아래와 같은 내용을 확인할 수 있다.

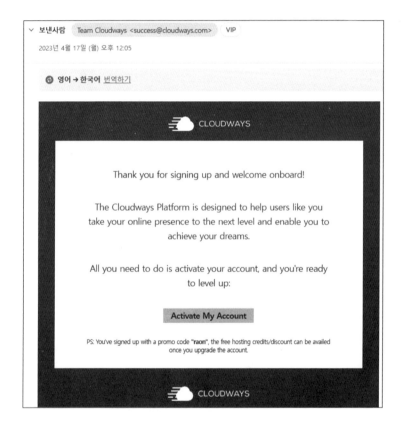

여기서 'Activate My Account'를 클릭하면 계정이 활성화 된다. 'Activate My Account'을 클릭하면 클라우드웨이즈 첫 화면이 나오거나 서버를 생성하는 화면이 나온다.

24시간 원할 때 언제든지 도움을 받을 수 있다는 안내문 구가 나온다. 'Need a hand'를 클릭하면 엔지니어의 지원을 받을 수 있다. 확인했으니 'Got it'을 클릭하자.

클라우드웨이즈의 회원가입은 다소 어려워 보이지만 해외 웹사이트의 회원가입과 크게 다르지 않다. 다음으로 클라우드웨이즈의 서버를 만들어 보고 워드프레스를 만들어 보자.

클라우드웨이즈 메뉴 알아보기

클라우드 웨이즈의 회원가입을 완료하였으니, 클라우드 웨이즈를 들어가 전체적인 구성과 어떤 메뉴로 구성되어 있는지를 살펴보자.

① 클라우드웨이즈 로고 & Servers : 생성된 서버 목록과 서버관리

② Applications : 생성된 Applications 목록과 Applications 관리

③ 메뉴 더보기

- **Projects** : 프로젝트를 관리할 수 있다.
- **Team** : 클라우드계정을 팀 단위 이용할 경우 개별 계정 권한 관리를 할 수 있다.
- **CloudwaysBot** : 서버 상태나 이상한 점이 발견되면 클라우드봇의 알림을 받을 수 있다.
- **Add-ons** : 운영관리에 필요한 보조프로그램을 관리할 수 있다.
- **Affiliate Program** : 클라우드웨이즈 제휴프로그램 가입 및 관리를 할 수 있다.
- **Suggest A Feature** : 클라우드웨이즈에 피드백 할 수 있다.

④ 친구를 초대 이벤트 : 초대한 사람, 초대받은 사람 모두 보너스를 받는다.

⑤ 1. 서버나, 2. Applications Member 추가가 가능하다.

⑥ 생성된 서버나 Applications의 이름으로 검색 가능하다.

⑦ 클라우드봇이 알려준 알림 카운터

⑧ 로그인한 사용자 계정정보 관리 비밀번호관리, 보안관리, 결제 정보, 주문서 등을 확인할 수 있다.

앞으로 가장 많이 사용하게 될 메뉴는 ①번 'Servers'와, ②번 'Applications'이다.

○ 서버 만들기

다양한 클라우드에서 서버를 선택할 수 있다. aws, 구글 클라우드 역시 사용할 수 있다. 서버를 생성하면 하나의 워드프레스가 같이 생성된다.

• 서버 만들기

우리가 클라우드웨이즈를 가입한 가장 큰 이유가 바로 워드프레스 홈페이지를 만들기 위한 서버를 생성하기 위해서였다. 이제 서버를 생성하여 보자.

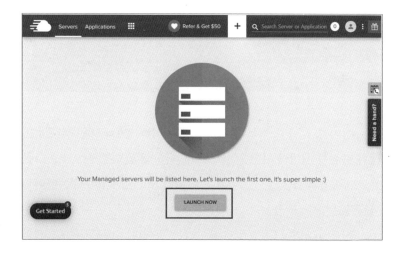

화면으로는 초록색 버튼인 'LAUNCH NOW'를 눌러 서버를 생성할 수 있다. 만약 클라우드웨이즈를 사용하여 처음 서버를 만드는 독자라면, 다음과 같은 팝업이 뜰 것이다. 클라우드웨이즈의 장점에 관한 설명이다. 우측상단 x를 눌러서 꺼도 되고, 중앙 하단에 'LET'S GET STARTED'을 클릭한다.

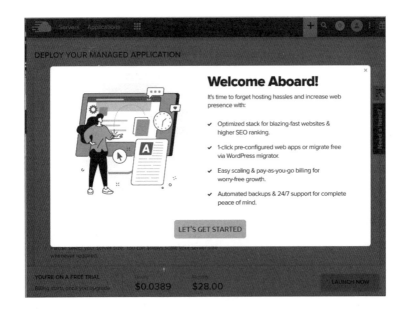

　팝업이 종료되면 여기서 워드프레스 어플리케이션을 선택하고, 내가 사용할 서버의 사양을 선택한다. 서버에 워드프레스 말고 다른 프로그램 설치를 할 수 있기 때문에 Add Application이라는 단어를 사용하고 있다.

　Application은 '응용프로그램'이라는 뜻이다. OS(운영체제)를 제외한 모든 프로그램을 응용프로그램이라고 한다. 스마트폰에서 사용되는 프로그램이 app(application)이라고 불리지만, PC에서 사용하는 포토샵, 엑셀과 같은 프로그램도 응용프로그램이다.

① Select Application

　서버에 설치 할 어플리케이션(워드프레스)을 선택한다. 클라우드웨이즈에서 자동으로 설치할 수 있는 어플리케이션이 아래와 같이 목록으로 나온다. 각 어플리케이션의 간단한 설명을 첨부한다.

WordPress

Version 6.1.1

Multisite Version 6.1.1

Clean (No Cloudways Optimization) Version 6.1.1

Woocommerce

Version 7.1.0 with Wordpress Version 6.1.1

PHP

WordPress : 클라우드 웨이즈 최적화가 된 워드프레스, 멀티사이트, 클린 버전 3종류를 선택하여 설치할 수 있다.

Woocommerce : 워드프레스와 + 우커머스 플러그인이 설치된다.

PHP : php 서버와 DB 가 설치된다. 워드프레스나 그누보드 등을 직접 설치할 수 있다.

Larabel : php 오픈소스 웹 프레임워크가 자동 설치가 된다.

Magento : 어도비의 Magento가 기본으로 설치된다.

이중에서 가장 첫 번째인 WordPress Version 6.1.1을 선택하자.

생성하는 시점에 따라 버전이 다르게 표시될 수 있다. 첫 번째를 선택할 경우 클라우드웨이즈의 기본 플러그인 2개가 포함되어 설치된다. 필요 없다면 Clean(No Cloudways Optimization)을 선택할 수 있지만 보안과 성능 최적화가 기본 세팅된 버전이 더 좋다.

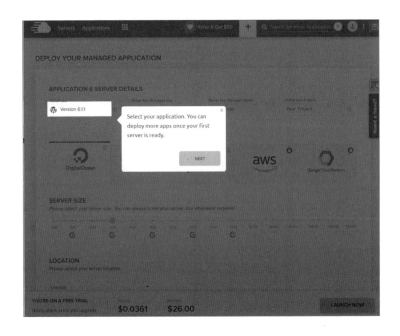

② Name Your Managed App

application의 이름을 적는 곳이다. 한 서버에 여러 개의 워드프레스 어플리케이션을 설치하여 운영할 수도 있기 때문에, 원하는 대로 정하면 된다. '도메인 이름'을 추천한다. 어플리케이션 이름은 나중에 수정할 수 있다.

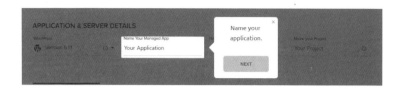

③ Name Your Managed Server

서버 이름을 정하는 곳이다. 서버의 사양에 따라서 여러 개의 워드프레스 홈페이지를 운영할 수 있다. 원하는 대로 이름을 정하면 되고, 서버 이름도 나중에 수정이 가능하다.

④ Name your Project

어플리케이션을 프로젝트별로 분류할 수 있다. 일종의 폴더처럼 어플리케이션을 구분하는 기능인데, 처음에는 사용할 필요가 없으므로 기본값(your Project)으로 사용 가능하며 필요 시 변경 가능하다.

APPLICATION & SERVER DETAILS			
WordPress	Name Your Managed App	Name Your Managed Server	Name your Project
Version 6.11	DemoApp	DemoServer	Your Project

클라우드 서버 선택하기

클라우드란 인터넷상에 가상서버를 만들어 정보를 저장하는 시스템을 말한다. 클라우드웨이즈에는 총 5개의 클라우드 서버가 제공되는데, 그 중에서 DigitalOcean, VULTR, linode는 무료 평가판을 사용할 수 있다. aws(아마존 웹서비스) 와 Google Cloud Platform은 결제정보를 등록 후 서버를 선택할 수 있다. 각각 서버의 간단한 설명을 첨부한다.

DigitalOcean : 서버가 가장 저렴하다. 아시아쪽 데이터 센터가 싱가포르에 있지만 한국에서 사용하기에 크게 불편함이 없다. 큰 특징은 고성능 스토리지인 NVMe(Non-Volatile Memory Express)를 선택할 수 있다는 점이다.

VULTR : 데이터센터가 서울에 위치하고 있어 빠른 네트워크 속도를 기대할 수 있다.

linode : 가성비가 좋은 서버지만 한국에 데이터 센터가 없다.

aws : 아마존 웹서비스로 유명한 클라우드 서버다. 가격이 앞의 3곳에 비해 다소 비싸지만 대용량의 트래픽을 감당하기 위해선 선택할 만하다. 서울에 데이터센터가 있다. 속도 역시 빠르다.

Google Cloud platform : 안정적인 서비스를 하는 구글의 클라우드 서버다. 서울에 데이터 센터가 있다.

이중에 추천한다면 VULTR(서울)와 DigitalOcean(싱가폴)이다. 일단 무료 평가판을 사용할 수 있다. 그리고 VULTR의 경우 서울에 데이터센터가 있어 네트워크 속도도 빠르며, DigitalOcean(싱가폴)의 경우 다른 서버에 비해 저렴하다. 클라우드 사양을 설정하는 것을 하나씩 따라해 보자. VULTR를 선택할 수 없는 경우 DigitalOcean을 선택한다.

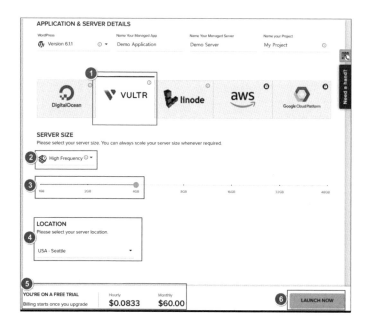

① 다섯 가지의 클라우드 서버 중에 VULTR 클라우드 서버 또는 DigitalOcean 선택한다.

② 서버라인업

 - Standard와 HighFrequency 두 가지 중 선택이 가능하다. 클라우드웨이즈에서는 HighFrequency가 Standard에 비해 40% 성능이 좋다고 발표했다. VULTR의 사용료는 아래와 같다. 사양별로 가격이 다르다.

Size	VULTR Standard			VULTR HighFrequency		
	RAM	SSD DISK	1달 가격	RAM	NVMe DISK	1달 가격
1 GB	1 GB	25 GB	$ 14	1 GB	32 GB	$ 16
2 GB	2 GB	55 GB	$ 28	2 GB	64 GB	$ 30
4 GB	4 GB	80 GB	$ 54	4 GB	128 GB	$ 60
8 GB	8 GB	160 GB	$ 99	8 GB	256 GB	$ 118
16 GB	16 GB	320 GB	$ 150	16 GB	384 GB	$ 173
32 GB	32 GB	640 GB	$ 234	32 GB	512 GB	$ 270

표를 보면 알 수 있겠지만, Strandard와 High Frequency 사이의 가격에 매우 큰 차이가 나지 않는다. 몇 달러만 더 내면 가성비 좋은 HighFrequency를 사용 가능하다. 일단 처음엔 요금이 저렴한 Starndard를 사용하고, 나중에 서버를 복제하여 HighFrequency로 이전도 가능하다.

③ 서버 스케일

Standard 서버는 1GB부터 8종류의 서버 사이즈를 선택할 수 있고, HighFrequency는 1GB부터 7종류의 서버 사이즈를 선택할 수 있다. 무료 체험판의 경우 4GB까지만 사용 가능하다.

④ LOCATION

데이터센터의 위치를 뜻한다. 한국을 대상으로 하는 홈페이지를 만든다면 'Asia Pacific - Seoul'을 선택한다. 해외를 대상으로 홈페이지를 만든다면 타깃에 맞는 지역을 선택하면 된다. 만약 서울을 선택했더라도 해외 타깃이 추가된다면 추후에 CDN(Contect Delivery Network: 콘텐츠 전송 네트워크) 서비스를 이용하면 네트워크 속도를 극복할 수 있다.

⑤ 사용요금

1시간 단위 요금과, 1달 사용 요금이 표시된다. 기본으로 선택되는 4GB 요금의 경우 1시간에 $0.0833(약 100원), 한 달에 60불 정도의 요금이 부과된다.

⑥ LAUNCH NOW를 클릭하면 생성된다.

서버 사양을 모두 선택했다면, Lunch now를 눌러 서버 생성을 시작한다. 생성한 서버를 삭제한 후 다시 생성하거나, 서버 사양을 수정하는 것이 간단하므로, 혹시 잘못 선택했다 할지라도 걱정할 필요가 없다.

클라우드웨이즈가 선택한 사양으로 서버를 준비하고 있다. 수분 후에(약 10~13분) 1개의 서버와 1개의 워드프레스가 완성된다. 서버가 생성되는 동안 클라우드웨이즈 이전하는 방법에 대해서 간단한 영상을 볼 수 있다. 서버가 완성되고 나면 클라우드웨이즈의 'Servers' 메뉴에 아래와 같은 변화가 생긴다. 하나씩 살펴보자.

① 무료로 사용할 경우 사용 가능 기간이 표시된다. 계정이 업그레이드 되는 경우 더 이상 표시되지 않는다.

② 계정 업그레이드 : 카드 결제 정보와 주소 등을 입력해야 지속적인 사용이 가능하다.

③ SERVERS와 APPLICATIONS 이동 메뉴 : SERVERS와 APPLICATIONS 메뉴에서의 기능은 완벽히 다르다. 버튼을 누르면 해당 메뉴로 이동된다.

④ 생성된 서버의 기본 정보(사양, IP, 생성일) : 클릭할 경우 서버모니터링, 서버 재시작 같은 관리, 보안설정 (기본으로 적용되어 있음), 백업 등을 할 수 있는 서브 메뉴를 확인할 수 있다.

⑤ 2번 계정업그레이드를 한 경우 신규서버를 추가 생성할 수 있다.

⑥ 생성된 Applications의 수가 표시된다.

⑦ 점 3개(⋮) 햄버거 메뉴를 클릭하면 서버중지, 재시작, 삭제 등을 할 수 있는 팝업창이 나온다.

○ 워드프레스 만들기

처음 서버를 생성할 때 워드프레스가 생성되었지만 "Add Application"기능을 사용하여 만들어보겠다. 워드프레스를 클릭만 해서 2분 만에 만들 수 있다. 서버 당 요금이 청구되기 때문에 제한 없이 워드프레스를 만들 수 있다. 클라우드 웨이즈 Applications 메뉴로 이동한다. (https://platform.cloudways.com/apps)

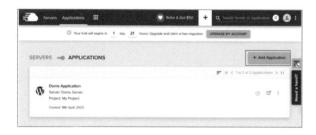

· STEP 1 – 서버 선택

Add Application을 클릭한다.

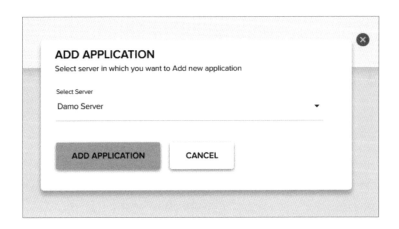

생성된 서버가 2개라면 원하는 서버를 선택할 수 있다. 필요하다
면 서버생성 후 추가도 가능하다.

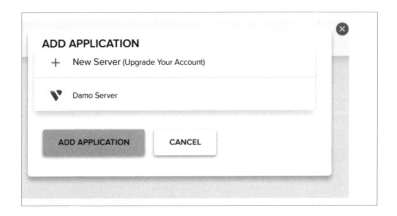

기존의 서버를 선택할 수 있고 신규 서버를 설치할 수 있다. 기존
서버를 사용하겠다.

ADD APPLICATION 클릭

상단에 선택한 서버의 정보가 표시된다.

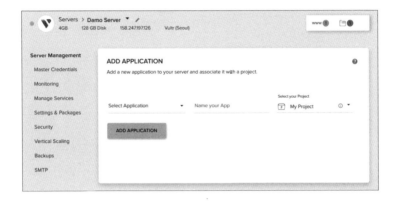

Select Application : WordPress 6.1.1

Name your App : 구입한 도메인의 이름을 추천한다. 필자는
wordpress1day.co.kr 라는 이름을 입력 했다.

Select your Project : 기본 값으로 세팅한다.

ADD APPLICATION 클릭

• STEP 3 – 완료

서버에 wordpress1day.co.kr 이름의 워드프레스가 생성된다.

자동으로 "SERVERS" 메뉴로 이동된다.

구름 표시가 나오면서 서버가 열심히 일하고 있다는 걸 티내고 있다. 2분이면 완성된다고 한다.

2분이 지나면 설치되었다는 알림이 표시된다.

정말 2분만에 워드프레스가 설치 되었다.

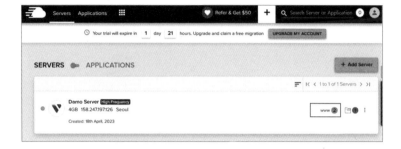

application wordpress가 1개 더 추가되어 2개로 표시되고 있다.

○ 도메인 연결하기

생성된 워드프레스에 앞에서 구입한 도메인을 연결해보고 접속
해 보자. 클라우드웨이즈의 Application 메뉴로 이동한다.
https://platform.cloudways.com/apps

1. 도메인 연결할 application을 선택클릭

클릭하면 Application Management의 첫 번째 메뉴인 Access Detail 메뉴로 이동된다.

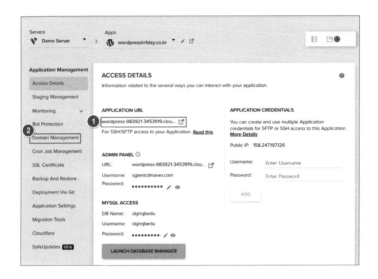

① 설치된 워드프레스의 URL 정보가 나온다. <img> 를 클릭하면 해당 URL의 팝업창이 열린다. 지금은 클라우드웨이즈에서 기본으로 만든 임시 도메인 URL이 생성되었다.

2. Domain Managements 클릭

Domain Management 메뉴에서 내가 원하는 도메인을 수정할 수 있다.

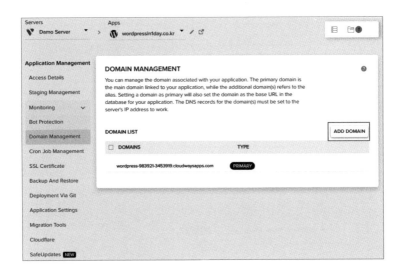

클라우드웨이즈에서 임의로 임시도메인을 연결해 둔 것을 확인
할 수 있다. 우리가 구매한 도메메인으로 수정하려면 우측의 'ADD
DOMAIN'을 클릭한다.

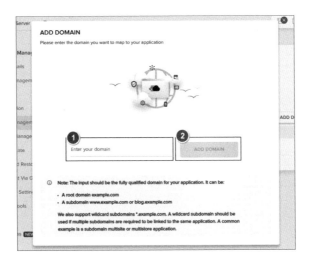

ADD DOMAIN을 누르면 도메인을 입력하는 팝업창이 표시되는
데 ①에 원하는 도메인을 입력한 후에 ②ADD DOMAIN을 클릭하
면 아래와 같이 도메인이 등록된 것을 확인할 수 있다.

아래 그림과 같이 클라우드웨이즈에서 제공한 임시도메인과, 내
가 등록한 도메인 2개가 보이게 되는데 PRIMARY(우선순위가 되는 도메
인)를 내가 추가한 도메인으로 변경해야 한다.

우측의 ① '점 3개(⋮)'를 클릭 후 ② 'Make Primary'를 선택하면 아래와 같은 확인 팝업이 나온다.

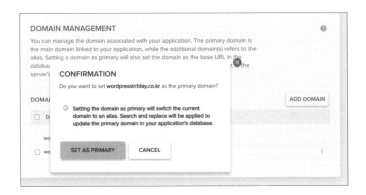

'SET AS PRIMARY'를 클릭하면 설치된 워드프레스 DB(데이터베이스)의 URL 값들이 자동으로 변경된다.

이와 같은 창이 뜨고, 수분 내에 (약 1~2분) 세팅이 완료되면 아래와 같이 성공적으로 대표 도메인이 수정된 것을 확인할 수 있다.

3. 대표 도메인 수정 완료

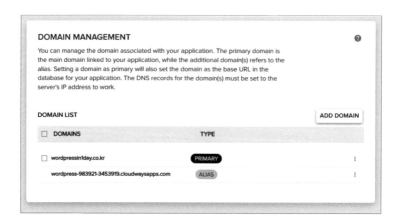

선택한 도메인이 대표도메인으로 수정되었다.

Access Details 메뉴로 들어가 다시 한번 확인해 보면, ADMIN PANEL에 URL이 수정된 것을 확인할 수 있다.

우측에 Application Credentials를 보면 Public IP를 확인할 수 있다. Public IP는 우리가 다음으로 할 작업인 DNS서버 세팅에 필요하니 기억해 두자.

DNS서버 세팅하기

우리가 방금 한 작업은 서버에서 도메인을 연결한 것이다. 도메인이 정상 작동하게 하기 위해서는 도메인에서도 서버 IP와 연결시켜 주어야 한다. 이것을 DNS서버 세팅이라고 한다. 우리가 도메인을 구입한 구입처의 웹사이트에 가서 직접 할 수 있다.

우리는 앞서 2장 도메인에서 DNS 세팅하는 방법에 대하여 상세하게 다루었다. 이제 서버를 만들었으니 생성된 서버 IP값을 추가한다. 그리고 대표도메인의 경우 2개의 레코드를 추가해 주어야 하는데 바로 루트도메인(@)과 서브도메인(www)이다. 예를 들어 naver.com과 www.naver.com은 사람들이 혼용해서 사용하지만 사실 서로 다른 도메인이다. 하지만 사용자에 따라서 naver.com을 쓰기도 하고, www.naver.com도 사용하기 때문에 혼란 방지와 편의를 위해 대표도메인의 경우 루트도메인과 서브도메인까지 DNS 레코드를 추가해야 한다. 현재 책의 이미지에 있는 IP는 필자가 만든 서버의 IP이므로 그대로 사용하면 안 된다. 본인의 서버를 만들면 본인 서버의 고유 IP가 생성된다. 본인 서버의 공유 IP를 사용하여야 한다.

추가해야하는 레코드 값

1. 레코드 유형 : A, 이름 : @, 값 : 서버의 IP
2. 레코드 유형 : A, 이름 : www, 값 : 서버의 IP

유형 ❶	이름 ❶	값 ❶	TTL ❶	
A	@	158.247.197.126	180	🗑
A	www	158.247.197.126	180	🗑

유형은 A로 설정하고 루트값(@)과 서브도메인(www) 두 개를 각각 추가해 준다. IP값은 클라우드웨이즈의 Application management ⇨ Access details ⇨ Application Credentials에 Public IP에서 확인할 수 있다. TTL값은 기본으로 180이 설정되어 있으며, 변경할 필요가 없다. DNS 레코드 수정 후 적용시간은, 신규의 경우에는 수분 안에 완료가 되지만, 만약에 수정, 삭제를 했을 경우 10분 이상이 걸릴 수 있다.

DNS 셋팅의 상태는 웹(https://www.whatsmydns.net/) 또는 윈도우 콘솔 명령으로 확인할 수 있다.

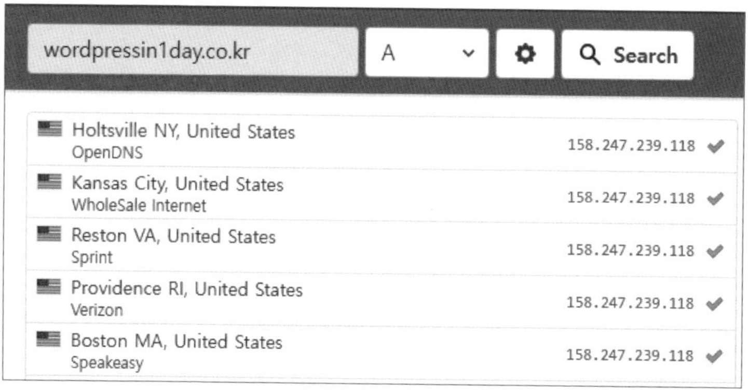

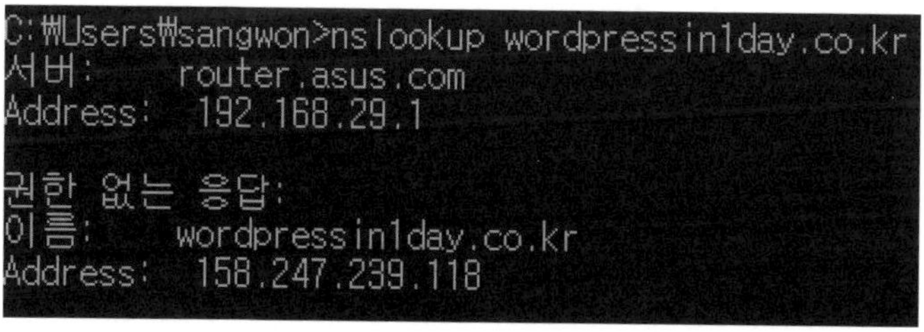

DNS와 세팅이 종료되었다면 브라우저에서 해당 도메인을 입력하여 확인해보자.

○ 보안인증서 SSL 설치하기

• 보안인증서(SSL) 설정하기

도메인이 연결에 성공했다 하더라도 아마 아래와 같은 화면이 보일 것이다. 마치 심각한 오류처럼 보이는 화면이다. 클라우드웨이즈의 강력한 보안기능에 의해 http로 접속한 경우 https로 리디렉션(URL에서 다른 URL로 보내는 기능)시키기 때문이다.

이와 같이 보안인증서를 해결하지 않으면 홈페이지를 만들어도 사용자들에게 자칫 신뢰를 잃을 수 있다. 클라우드웨이즈를 사용한다면 SSL인증서를 간단하게 설정하여 해결할 수 있다. 클라우드웨이즈 ⇨ Applications ⇨ application 선택 ⇨ SSL Certificate 선택한 후 아래의 이미지를 보며 하나씩 설정해 보자.

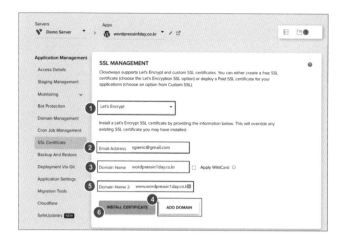

① **인증서 종류** : 별도로 인증서를 구입했을 경우, 구입한 인증서를 사용할 수 있고 만약 없다면 무료 인증서를 선택하여 사용할 수 있다. Let's Encrypt를 선택하면 해당 회사(https://letsencrypt.org/)에서 제공하는 무료인증서를 이용할 수 있다.

② **이메일주소** : 무료인증서를 사용하기 위한 정보 입력 절차로 자주 사용하는 이메일을 입력한다.

③ **도메인 이름** : 루트도메인(아무 수식어도 붙지 않은 도메인)을 입력한다.

④ **도메인 추가 버튼** : 입력할 수 있는 도메인 이름 칸이 더 생긴다.

⑤ **도메인 이름** : www가 포함된 서브 도메인을 입력한다.

⑥ **설치 버튼 클릭** : 아래와 같은 화면이 나오며, 수분 내로 (3~5분) 완료된다.

인증서 설정이 완료되면 아래와 같이 클라우드웨이즈의 SSL인증서 정보가 바뀐다.

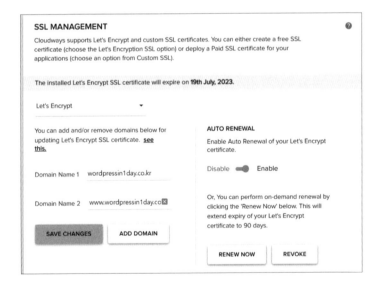

인증서는 90일의 유효기간을 가지고 있다. AUTO RENEWAL(자동갱신) 부분이 기본적으로 Enable(활성화)로 설정되어 있다. 클라우드

웨이즈에서 자동으로 갱신해 주기 때문에 유효기간 만료 후에 별도에 설정을 할 필요는 없다. 이미지를 보면 wordpressin1day.co.kr의 루트도메인과 www.wordpressin1day.co.kr 서브도메인 2개의 인증서가 설치된 것을 확인할 수 있다.

letsencrypt와 같은 무료 인증서를 설치할 수 있고 다른 인증서역시 세팅 가능하다.

○ 클라우드웨이즈에서 워드프레스 접속하기

클라우드웨이즈에서 워드프레스에 접속하기

여러 가지 이유로 내가 만든 워드프레스에 접속을 못 하는 경우가 있다. 내가 만든 도메인 주소가 기억이 안 날 수도 있고, 도메인을 아직 연결하지 않아서 임시 URL을 기억할 수 없기 때문일 경우도 있다. 이런 때는 생각보다 흔하게 발생하기 때문에, 클라우드웨이즈를 통해서 내가 만든 워드프레스에 접속하는 방법을 알아보자. 로그인 후 서버의 클라우드 웨이즈 Applications의 메뉴로 이동한다. 여기서 내가 접속하고 싶은 워드프레스 어플리케이션을 클릭한다.

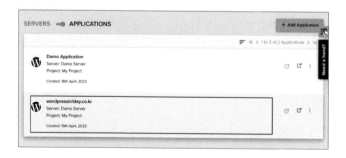

①을 누르면 팝업창으로 워드프레스가 열리며 ②를 클릭하면 팝업창으로 워드프레스 관리자 화면이 열린다.

○ 클라우드웨이즈 계정 업그레이드 하기

• 계정 업그레이드 하기

클라우드웨이즈 무료 사용기간은 3일로, 사용기간이 얼마 남지 않았으니 연장하라는 메시지가 나온다. 계속 사용할 예정이라면 연장하고 비교적 저렴한 서버 사양을 선택하여 생성하여 보자.

로그인 후 'Servers'에 'Upgrade my account'를 클릭한다.

결제주소와 청구지 주소를 영문으로 입력한다. 주소를 영문으로
모를 경우, 네이버에 '영문주소 변환기'를 검색하여 이용하면 영문주
소를 쉽게 찾을 수 있다.

PAYMENT & ADDRESS   ❓

Manage your payment and billing details

PAYMENT ADDRESS

Please provide the address associated with your payment card.

COUNTRY   ADDRESS

Korea, Republic of   ▼   ▓▓ ▓▓▓▓▓▓▓ ▓▓ ▓▓

CITY   POSTAL CODE

Seoul   ▓▓▓▓

STATE / PROVINCE / REGION

▓▓▓▓ .gu

BILLING ADDRESS

This address appears on your monthly invoice and should be the legal address of your home or business.

☑ Keep my Billing Address same as my Payment Address

COUNTRY   ADDRESS

Korea, Republic of   ▼   117 ▓▓▓▓▓▓▓ ▓ ▓▓▓▓

CITY   PHONE

Seoul   ▓▓ ▓▓▓ ▓▓▓▓

POSTAL CODE   STATE / PROVINCE / REGION

07737   ▓▓▓▓▓▓

COMPANY

For businesses only | Appears on your

PAYMENT CARD

Please authorize your Payment Details to explore seamless experience to the   `VISA` `AMERICAN EXPRESS` ⬤
Cloudways Platform.

[PROCEED TO PAYMENT GATEWAY]

BILLING ADDRESS 청구주소에는 휴대폰 번호와 COMPANY 를 넣어야 한다. COMPANY에 회사 이름을 입력한다. 만약 회사

이름이 없더라도 입력하지 않으면 다음 단계로 넘어갈수 없다. COMPANY에 'Business'라고 쓰고 다음 단계로 넘어가자. 'PRECEED TO PAYMENT GATEWAY'를 클릭한다.

카드번호 등의 결제정보를 입력한다. 카드는 해외결제가 가능한 카드여야 한다. AUTHORIZE 버튼을 클릭하면 완료된다.

계정 업데이트가 완료되었다. 해당정보는 이메일에도 전송된다. x 버튼을 눌러서 종료하면 된다.

○ 클라우드웨이즈 서버 복제 방법

• 서버 복제하기

생성된 서버를 그대로 사용해도 되지만, 서버를 사용하다보면 서버 복제가 필요한 경우가 있다. 예로 서버 요금제를 더 낮고, 저렴한 요금제로 변경이 필요한 경우, 또는 클라우드 서버를 다른 곳으로 이전하고 싶을 때이다. 워드프레스를 운영하다 보면 그래야 할 상황이 발생한다.

비싼 요금제로 변경하는 것은 클릭 한 번으로 가능하지만, 저렴한 요금제로 변경하는 경우에는 서버를 복제하고 기존 서버를 삭제해야 한다. 클라우드 서버를 다른 곳으로 이전하고 싶을 경우도 마찬가지이다. 예를 들어, 현재 VULTR 클라우드를 사용하고 있는데 aws 클라우드로 변경하고 싶을 경우 역시 aws로 복제를 하고, 기존의 VULTR 서버를 삭제하여야 한다. 이런 경우를 대비하여 서버 복제하는 방법을 알아보자.

서버 복제의 순서는 '① 기존서버 복사하여 신규서버 생성하기', '② DNS 에 등록된 IP 수정하기', '③ 기존서버 삭제하기'의 3단계이다. 복잡하고 어려워 보이지만 클릭 몇 번 해서 간단히 할 수 있다. 혹시 실수하더라도 다시 하면 된다. 어려운 작업은 클라우드웨이즈가 다 알아서 해 준다. 서버 생성과 삭제까지 20~30분 정도 소요된다.

1) 기존서버 복사하여 신규서버 생성하기

① 클라우드 서버 메뉴에서 기존서버의 점 3개(⋮) 메뉴를 클릭한다.
② 클론서버를 선택한다.
③ 확인하는 팝업이 나오면 'YES'를 선택한다.

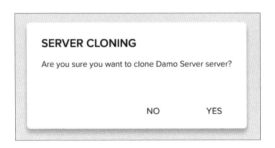

　신규 생성할 서버의 사양을 선택하자. 아래 예시에서는 '서버 종류 : VULTR, 서버 유형 : High Frequency, 서버 크기 : 1GB, 데이터 센터 위치 : Asia Pacific-Seoul'로 선택하였다.

Standard를 사용할 경우 1달 사용요금은 $14이다. 서버유형을 High Frequency를 선택하면 2$가 비싸지지만 성능은 40%가 향상된다. 2G 이상의 요금제를 추천한다는 안내가 나오지만 트래픽이 증가하기 전엔 서버 사이즈 1G도 충분하다. 사양 선택을 완료하였다면 CLONE SERVER를 클릭하여 서버 복제를 시작한다.

서버가 생성 및 세팅이 시작되며, 10분 정도 기다리면 서버 복제가 완료된다.

2) DNS 레코드 수정하기

서버가 신규 생성되면 새로운 IP를 확인할 수 있다. 도메인 구입처에 가서 DNS레코드를 복제된 신규서버의 IP로 수정하여야 한다. 다시 호스팅케이알에 로그인하여 DNS레코드를 수정하여 보자. 호스팅케이알-나의서비스-도메인관리-네임버서/DNS탭-값을 클릭하여 신규서버의 IP로 변경한 후 맨 오른쪽에 체크 표시를 클릭한다.

1. 레코드 유형 : A, 이름 : @, 값 : 신규 서버의 IP
2. 레코드 유형 : A, 이름 : www, 값 : 신규 서버의 IP

　수정 후 보통 수분 이내에 변경된 값이 적용되지만, 신규 설정보다는 다소 시간이 지연되는 편이다. 최장48시간까지도 걸릴 수 있다. 설정완료 상황이 궁금하다면 앞서 '도메인' 파트에서 설명했던 'whatsmydns(https://www.whatsmydns.net/)'에서 수정된 레코드의 배포 상태를 확인할 수 있다.

　서버의 신규생성보다 조금 복잡한 복제까지 마스터했다. 서버삭제는 DELETE 버튼만 클릭하면 된다. 필요 없는 서버는 과감히 삭제하자.

　다음 장에서는 다른 방법으로 워드프레스를 설치하는 방법에 대해서 알아 보려고 한다.

FTP 이용하여 워드프레스
설치하기 - 공유서버

공유호스팅은 가격이 저렴하기 때문에 처음 워드프레스를 만들 때 사용하기 부담이 없다. FTP 사용법을 알면 어렵지 않게 다양한 환경에서 워드프레스를 설치할 수 있다. 클라우드웨이즈에서도 FTP 사용법을 안다면 그누보드와 같은 커뮤니티를 설치할 수 있다. 공유호스팅에서 자주 사용하는 FTP를 이용한 워드프레스 설치방법을 알아보자.

FTP(File Transfer Protocol)는 파일 전송 프로토콜이다. 서버와 클라이언트 사이에 필요한 파일을 주고받을 때 사용된다. FTP프로그램은 파일을 송수신하는 소프트웨어를 말한다. 이런한 기능은 FTP 클라이언트 프로그램에 내장되어 있는데, 보통 FTP 라고 부른다. 많이 사용하는 FTP 로는 filezilla(파일질라), winscp가 있다. filezilla 하나만 알아도 충분하다.

가장 필요한 것은 FTP 클라이언트 프로그램이다. 지금 다운로드 받아서 설치해보자.

○ 파일질라 FTP 설치하기

'https://filezilla-project.org/'에 접속한 후 파일질라를 다운로드받아 설치한다.

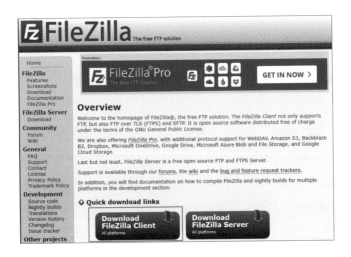

모두 기본 값을 설치하면 된다.

• 공유호스팅 서버 셋팅하기

FTP가 설치되어있다면 공유호스팅 서버를 셋팅해 보자.

가성비가 좋은 iwinv(iwinv.kr)의 웹호스팅을 셋팅해 보겠다. 다른 공유호스팅의 셋팅 방법도 비슷하다.

1.iwinv(https://www.iwinv.kr/) 회원가입한다.

2.웹호스팅을 신청한다.

iwinv ⇨ 웹호스팅/문자 ⇨ 웹호스팅에서 스크롤을 내리다 나오
는 '신청하기' 버튼을 클릭한다.

3.서버환경 선택 1-30원/Day 트래픽 정량제를 선택한다. 다

양한 버전의 PHP, MariaDB를 선택할 수 있다.

선택 후 하단의 '서버환경선택 하기' 버튼을 클릭하여 다음 단계로 넘어간다.

서버환경선택 하기 ≫

4.서버환경 선택 2 - PHP 8.0 버전을 선택한다. PHP 버전은 설치되는 워드프레스 버전에 따라 달라질 수 있다.

웹 호스팅 계정 생성

| 서비스 선택 | 서버환경 선택 | 이름 설정 | 계정정보 설정 | 맴버확인 설정 | 확 인 |

서버환경 선택 ?

Linux 64Bit	Linux 64Bit	Linux 64Bit	Linux 64Bit
Apache 2	Apache 2	Apache 2	Apache 2
UTF-8	UTF-8	UTF-8	UTF-8
PHP 8.1	PHP 8.0	PHP 7.4	PHP 7.3
MariaDB 10.X	MariaDB 10.X	MariaDB 10.X	MariaDB 10.X
WordPress GNU Board Rhymix	**WordPress GNU Board Rhymix**	WordPress Xpress Engine GNU Board Rhymix	WordPress Xpress Engine GNU Board Rhymix
Linux 64Bit	Linux 64Bit	Linux 64Bit	Linux 64Bit

하단의 '이름 설정하기 버튼'을 클릭하여 다음단계로 넘어간다.

5. 이름 설정

'계정정보설정 하기'를 클릭하여 다음 단계로 넘어간다.

6.계정정보 설정

도메인은 'wordpressin1day.co.kr'의 서브도메인인 'demoftp.wordpressin1day.co.kr'를 입력했다.

계정 비밀번호는 메모장이나 노트에 기록해 둔다.

계정ID, 계정비밀번호, DB 비밀번호 도메인을 추가한 후 '웹방화벽설정 하기'를 클릭한다.

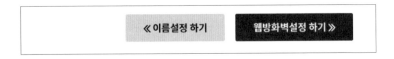

7. 웹방화벽설정 하기

워드프레스를 FTP를 이용하여 설치하려면 웹방화벽이 off로 되어 있어야 한다.

웹방화벽을 'off'로 선택한 후 '확인하기' 버튼을 클릭한다.

8. 웹호스팅 계정 정보 확인

내용을 확인한 후 하단의 '신청하기' 버튼을 클릭한다.

9. 완료

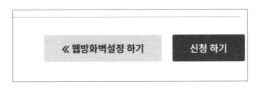

호스팅 안내사항을 확인하고 '완료' 버튼을 클릭한다.

10. 확인하기

선택된 호스팅 상품과 사용량을 확인할 수 있다.

11. 서버정보를 확인하기 위해 톱니바퀴(✿)를 클릭한다.

[상세정보] 탭에서 서버의 정보를 확인할 수 있다.

서버IP와 도메인 정보 등을 확인할 수 있다.

계정 ID 와, 서버IP는 FTP접속에 사용된다. [도메인] 탭에선 도메인 세팅 정보를 확인하고 도메인 관리를 할 수 있다.

• 워드프레스 다운로드

워드프레스를 설치하려면 워드프레스 파일이 필요하다. 워드프레스는 'https://ko.wordpress.org/download/'에서 다운로드 받을 수 있다.

1. 워드프레스 파일 다운로드

https://ko.wordpress.org/download/ 접속하여 최신버전을 다운로드 받는다.

'워드프레스 6.2 다운로드' 클릭하여 최신버전의 워드프레스 압축 파일을 다운로드 받는다.

macOS나 리눅스를 사용한다면 Download.tar.gz 파일을 다운로드 받는 게 편리하다. OpenSSH, PuTTY 와 같은 Secure Shell을 사용할 수 있다면 해당 파일을 다운로드 받아 설치할 수 있다.

2. 다운로드 받은 파일을 적당한 폴더에 압축을 풀어둔다.

• 워드프레스파일 공유서버에 upload 하기

1. FTP – 공유호스팅 서버 연결하기

① **서버의 접속 정보를 입력** : 서버 IP, iwinv의 계정 ID, 공유 호스팅 을 설정할 때 만든 계정 비밀번호를 입력한다.

② **연결 버튼** : ①의 정보를 입력하고 '연결버튼'을 클릭하면 원격지 서버(공유호스팅 서버)에 접속된다.

③ **파일질라의 왼쪽 영역은 내컴퓨터의 정보를 보여줌** : 업로드 하 고자 하는 탐색기를 이용하여 폴더와 파일을 선택한다.

④ **파일질라의 오른쪽 영역은 서버의 정보를 보여준다.**

2. 파일 업로드 하기

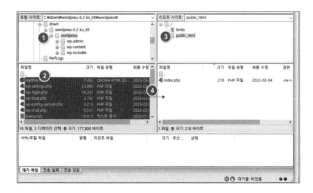

① 다운로드 받은 파일의 경로를 확인한다.

② Ctrl+A를 선택하여 모든 파일을 선택한다.

③ 서버의 경로를 확인한다. '/public_HTML' 폴더를 선택한다. 정상
적으로 이동이 되었다면 그림과 같이 index.php 파일 하나를 확
인 할 수 있다.

④ 서버쪽 파일 영역에 마우스로 드레그한다.

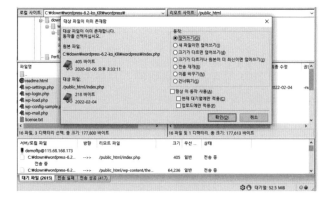

공유 호스팅 서버를 생성할 때 함께 생성된 파일은 '덮어쓰기' 한
다. 기다리면 파일 전송이 완료된다.

• DNS 레코드 셋팅하기

공유호스팅 서버의 IP와 공유호스팅에 설정한 도메인의 정보를
DNS 레코드에 추가해야 한다. DNS 레코드 설정 방법 부분을 참고
하여 등록하자. 루트 도메인을 등록할 수 있지만, 사용 중이기 때문
에 서브 도메인(demoftp)을 이용하려고 한다.

유형 : A
이름 : demoftp
값 : 공유호스팅 서버 IP

DNS 레코드 설정이 적용되면 추가한 서브도메인의 접속이 가능
해진다.

• 공유호스팅 워드프레스 wp-config.php 환경설정하기

wp-config.php 파일을 다운로드 받아서 수정할 수 있지만, 웹을
통해 바로 설정할 수 있다.

1. 웹 브라우저에 공유호스팅에 설정한 도메인을 접속한다.

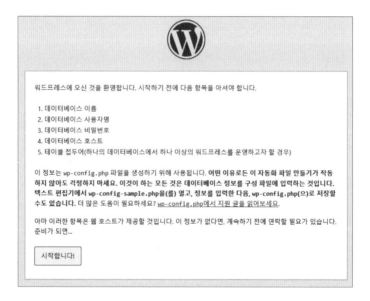

- 데이터베이스 이름 : 공유호스팅에 사용한 계정 ID
- 데이터베이스 사용자명 : 공유호스팅에 사용한 계정 ID
- 데이터베이스 비밀번호 : 공유호스팅에 등록한 DB 계정 비밀번호
- 데이터베이스 호스트 : localhost

- 테이블 접두어 : wp_

"시작합니다." 클릭한다.

2. 데이터베이스 연결 상세정보 입력

메모장에 저장했던 계정 정보를 확인하고 알맞게 정보를 입력한다.

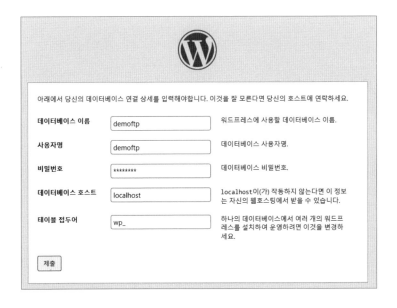

정보를 입력하고 '제출' 버튼을 클릭한다.

정확한 데이터 정보를 입력했다면 다음과 같은 화면을 볼 수 있다.

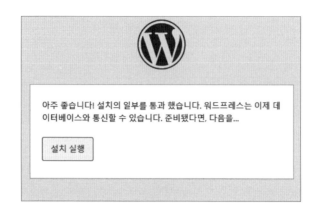

아주 좋습니다! 설치의 일부를 통과 했습니다. 워드프레스는 이제 데이터베이스와 통신할 수 있습니다. 준비됐다면, 다음을...

설치 실행

'설치 실행'을 클릭한다.

3. 워드프레스 기초정보 입력

환영합니다

유명한 워드프레스 5분 설치 절차에 오신 것을 환영합니다! 아래의 정보를 입력하기만 하면 세계에서 가장 확장성 있고 강력한 개인 발행 플랫폼을 사용할 수 있습니다.

정보가 필요합니다

다음 정보를 제공해주세요. 걱정하지 마세요. 이 설정을 나중에 언제든지 바꿀 수 있습니다.

사이트 제목

사용자명

사용자명은 알파벳, 숫자, 스페이스, 밑줄, 하이픈, 마침표, @ 기호만 가능합니다.

비밀번호

%5E7spf2F)ZN*5^OPp   👁 숨기기

강함

중요: 로그인할 비밀번호가 필요할 것입니다. 안전한 위치에서 저장해주세요.

이메일 주소

계속하기 전에 이메일 주소를 다시 확인하세요.

검색 엔진 가시성

☐ 검색 엔진이 이 사이트를 검색하는 것을 차단

이 요청이 받아들여지는 것은 전적으로 검색 엔진에 좌우됩니다.

워드프레스 설치

사이트 제목, 사용자명, 비밀번호, 이메일 정보를 한다.

사용자명과 비밀번호는 관리자 화면 로그인에 사용된다. 꼭 기억
하도록 하자.

'워드프레스 설치' 버튼을 클릭한다.

4. 완료

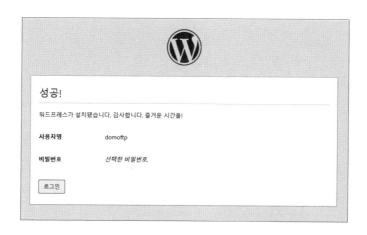

모든 과정이 성공적으로 되었다면 '성공!' 화면을 볼 수 있다. 워
드프레스의 설치 끝! FTP를 이용한 워드프레스 설치가 종료되었다.
공유 호스팅을 이용해도 워드프레스를 자동으로 설치할 수 있다. 하
지만 버그가 발생하는 경우 또는 설치하고자 하는 폴더가 마음에 들
지 않는 경우가 있다. 버그가 발생할 경우 원인을 찾기 위한 시간 투
자를 많이 해야 하기 때문에 직접 설치하는 걸 추천한다.

내 컴퓨터에
설치 하기

    내 컴퓨터에 서버프로그램을 설치하면 내 컴퓨터에서도 워드프레스를 만들 수 있다. 서버프로그램을 하나씩 설치하지 않고 간단히 프로그램 하나 설치해서 워드프레스를 만들 수 있다. 바로 localwp. com에서 제공하는 LOCAL을 이용하면 된다.

○ 프로그램 설치

    1. 'https://localwp.com/'에 접속하여 파일을 다운로드 받는다.

'download for free'를 선택하여 다운로드 한다.

    2. 다운로드 한 파일을 실행한다.

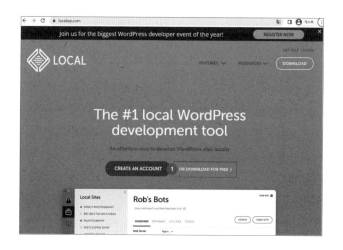

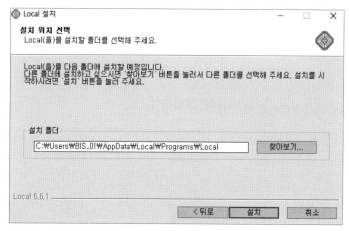

설치는 모두 기본값으로 진행한다.

O LOCAL에서 워드프레스 만들기

설치된 LOCAL에서 워드프레스를 만들 수 있다. 매번 만들 때마다 서버의 버전이나 워드프레스의 버전을 선택할 수 있다.

1. Create a New Site를 클릭한다.

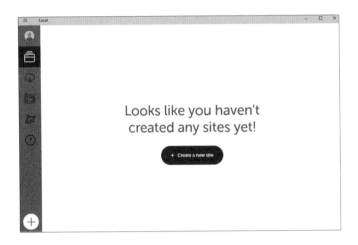

2. Create a new site를 선택한다.

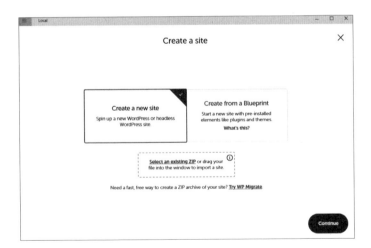

'continue'를 클릭한다.

3. 워드프레스 이름을 입력한다.

'local_wp_test1'이라고 입력했다. 'continue'를 클릭한다.

4. 환경설정

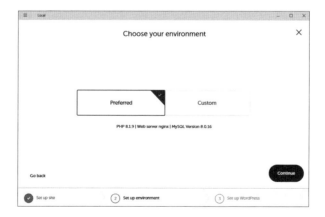

서버의 환경을 선택한다. 기본값을 선택하였다. Custom을 선택
하면 php 버전, Web server, Database의 버전 등을 변경할 수 있다.
'Continue'를 클릭한다.

5. 워드프레스 관리자 정보 세팅

관리자 로그인에 필요한 정보를 세팅한다.
- WordPress username - 관리자 이름
- WordPress password - 관리자 비밀번호
- WordPress e-mail - 관리자 비밀번호

Add Site를 클릭한다.

6. 보안경고 허용하기

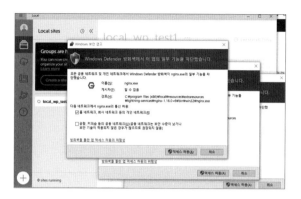

LOCAL을 세팅하는 과정에서 보안경고가 발생할 수 있다. 모두 '액세스 허용'을 해야만 원활한 접속을 할 수 있다. 잠시 기다리면 로컬 환경(내 컴퓨터 환경)에서의 워드프레스 세팅이 완성된다.

O LOCAL 프로그램으로 만든 워드프레스 실행하기

내 컴퓨터에 워드프레스가 설치되었다. 워드프레스가 잘되었는지 확인해보자.

① Open site : 내 컴퓨터에 만들어진 워드프레스가 인터넷 브라우저를 통해 열린다.
② WP admin : 워드프레스 관리자 화면이 인터넷 브라우저를 통해 열린다.
③ 내 컴퓨터에 설치된 폴더가 탐색기로 열린다.
④ Web server와 PHP verseion 변경이 가능하다.

간단하게 내 컴퓨터에 워드프레스 설치하기를 알아봤다. 다음 장에선 워드프레스의 기본 설정과 글 작성 방법 메뉴 만드는 것에 대해서 알아보자.

4장

워드프레스
개념 이해하기

워드프레스는 사용자가 보는 프론트엔드 페이지(웹사이트)와 이를 운영하기위 한 백엔드(관리자 페이지)로 구성된다.

프론트엔드 페이지는 실제 사용자가 방문하여 볼 수 있는 웹사이트의 화면이다. 프론트엔드 페이지에서는 게시물 또는 페이지의 내용을 보거나 댓글을 달 수 있다. 프론트엔드 페이지의 디자인과 레이아웃을 변경하려면 관리자페이지에서 '테마'를 설치하거나 수정하면 된다.

관리자페이지는 웹사이트를 관리하는 데 필요한 도구와 기능들이 모여 있고 다양한 메뉴들이 있다.

새로운 콘텐츠를 작성하고 수정하는 '글', '페이지' 메뉴, 이미지나 동영상을 업로드하는 '미디어' 메뉴, 디자인을 변경하는 '외모' 메뉴, 기능을 추가할 수 있는 '플러그인' 메뉴, 웹 사이트의 설정을 변경하는 '설정' 메뉴 등이 있다. 워드프레스는 관리자페이지를 잘 다루는 것이 무엇보다 중요하다.

먼저 관리자페이지 접속방법, 기초세팅 방법에 대해서 알아보려고 한다.

관리자
페이지

○ 관리자페이지 접속 방법

워드프레스를 설치하면 웹사이트와 관리자페이지가 만들어진다. 관리자페이지 접속 URL을 확인하고 비밀번호를 관리하는 법을 알아보자. 클라우드웨이즈로 워드프레스를 설치할 때 관리자 페이지의 비밀번호를 입력한 적이 없다. 자동으로 임의값으로 아이디와 비밀번호를 생성했기 때문이다. 먼저 관리자 페이지 URL을 확인하는 방법과 비밀번호 관리하는 방법에 대해서 알아보자.

• 관리지페이지 접속 URL 확인하기

관리지 페이지는 '도메인+/wp-admin'이다. 클라우드웨이즈를 이용해서 설치했다면 클라우드웨이즈 ➪ Applications 메뉴 ➪ 설치한 application 클릭 ➪ Access Details의 ADMIN PANEL 부분에서 URL

을 확인할 수 있다.

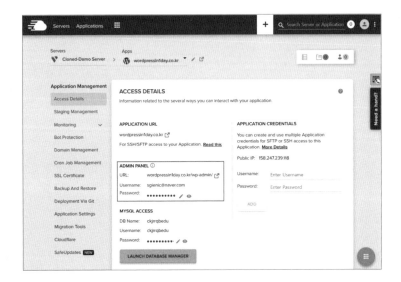

• ADMIN PANEL 사용하기

　ADMIN PANEL에서는 관리자페이지의 URL을 확인하고, 별도의
Database에 접속하지 않고 관리자 비밀번호를 확인하며 수정할 수
있다.

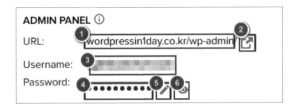

　① 워드프레스 관리자 페이지 URL

180

② 클릭하면 관리자페이지가 새창으로 열린다.

③ 사용자 ID : 관리자 로그인에 사용할 사용자 이메일

④ 비밀번호 관리자 로그인에 사용할 비밀번호를 클릭하면 클립보드에 복사가 된다.

⑤ 비밀번호 수정 : 클릭하여 관리자 비밀번호를 수정할 수 있다.

⑥ 비밀번호 보기 : 클릭하면 관리자 비밀번호를 확인할 수 있다.

• 관리자 페이지에 접속하는 방법

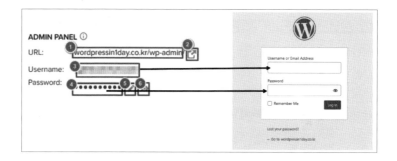

1. ②번을 클릭하여 관리자를 페이지를 연다.

2. ③번을 클릭하면 클립보드에 이메일이 자동으로 복사가 된다. Username or Email Adress 항목에 붙여넣기 한다.

3. ④번의 비밀번호 항목을 클릭하면 클립보드에 복사가 된다. password 항목에 붙여넣기 한다.

4. Log In 버튼을 클릭 한다.

○ 관리자페이지 기초 세팅

워드프레스 관리자 페이지는 웹사이트를 운영하고 관리하는 데 필요한 다양한 작업을 할 수 있다. 콘텐츠와 디자인을 관리하고, 댓글을 관리할 수 있다. 디자인을 원하는 대로 변경하고, 플러그인을 통해 웹사이트의 기능을 확장할 수도 있다. 워드프레스 초기에는 관리자 화면의 레이아웃을 알아보고 한글화, 시간 설정, 고유 주소 설정과 같은 작업을 우선적으로 수행해야 한다.

• 관리자페이지 살펴보기

관리자페이지가 처음엔 다국어(영어)로 나온다. 초기에 언어설정을 한국어로 하면 편하게 이용할 수 있다.

관리자화면은 크게 ① 상단 툴 바, ② 관리자 메뉴, ③ 관리화면으로 구성된다. 첫 화면은 관리자메뉴의 Dashboard(알림판)가 표시된다.

워드프레스를 설치하면 한글이 아닌 영어로 나오는 경우가 있다. 'Settings' 메뉴에서는 사이트 제목, 날짜, 언어 등을 설정할 수 있다.

1.관리자 메뉴의 Settings를 클릭
2.설정 값 변경

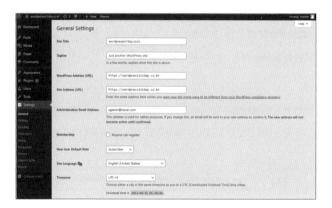

- **Site Title** : 사이트 제목 - 처음은 domain이 표시된다.
- **TagLine** : 태그라인, 슬로건 - 홈페이지 부제목을 짧게 작성한다.
- **WordPress Address**(URL) : 워드프레스 주소
- **Site Address**(URL) : 사이트 주소 (URL)
- **Administration Email Address** : 관리자 이메일 주소 - 워드프레스를 관리하는 목적으로만 사용된다. 실제 사용하는 이메일을 사용하자.
- **Membership** : 멤버십 설정(누구나 가입할 수 있습니다.)에 체크표시하면 방문자가 회원가입을 할 수 있다.

- **New User Default Role** : 새 사용자 기본 역할 - 첫 등록된 사용자에게는 '구독자' 권한만 부여하는 게 좋다.
- **Site Language** : 사이트 언어 - 한국어를 선택한다.
- **Timezone** : 시간대 - timezoneUTC+9를 선택한다. (세계표준시에서 9시간을 더하면 한국시간이 된다.)
- **Date Format** : 날짜 표시 형식. Custom - (Y.m.d) 2045.08.15. 한국인에게 익숙한 표시 형식이다.
- **Time Fromat** : 시간 표시 형식 - H:i : 14:56
- **Week Starts On** : 한주의 시작. 기본값을 선택한다.

3. Save Changes 클릭

저장하게 되면 관리자 화면이 한글화 되고 다른 설정들도 적용된다.

• '쓰기' 설정 하기

특별히 변경 사항이 없다. '기본 글 카테고리'로 원하는 카테고리를 설정할 수 있다.

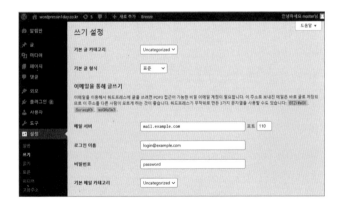

읽기 설정에서 중요한 설정은 '홈페이지 표시' 항목이다.

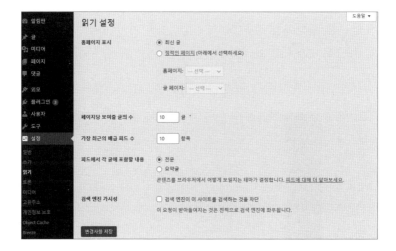

● 홈페이지표시 : 최신 글과 정적인 페이지를 선택할 수 있다.
최신 글에는 작성한 글이 최신 순으로 표시되며, 정적인 페이
지는 사이트 접속했을 때 자신이 지정한 페이지가 표시된다.

● 페이지당 보여줄 글의 수 : 페이지에 표시할 게시물 수

● 가장 최근의 배급 피드 수 : RSS피드 개수. 글 발행 주기가 짧
으면 많이 설정할 수 있다. 하지만 배급 피드 수가 증가되면 서
버에 부하가 갈 수 있다. 티스토리의 경우 10~50개까지 설정
가능하다.

● 검색 엔진 가시성 : 검색엔진에 색인되지 않아야 할 때 체크한
다.

콘텐츠에 댓글 관련 설정을 할 수 있다. 댓글을 활성화할 경우 스팸링크가 자동으로 달리는 경우가 많이 있기 때문에 비활성화하는 게 좋겠다. 활성화할 경우에는 수동승인을 하여 댓글이 보이도록 하자. 댓글이 비활성화 되어도 신규 콘텐츠마다 댓글을 활성화할 수 있다.

기본 값으로 사용해도 충분하다.

워드프레스에 생성된 콘텐츠는 다양한 옵션으로 고유주소 (permalink)를 직접 설정할 수 있다. URL의 구조가 홈페이지 유지·관리되는 중간에 변경된다면 사용자는 원하는 페이지를 찾을 수 없을 수도 있다. 그래서 초기에 꼭 설정해야 하는 것 중 하나다.

워드프레스는 다양한 형식의 URL구조를 선택할 수 있다. 일반, 요일과 이름, 달과 이름, 숫자, 글 이름, 사용자 정의 구조 등이 있다. 이 중에서 '글 이름'을 많이 사용한다.

1. 관리자페이지 ⇨ 설정 ⇨ 고유주소 ⇨ 글 이름 선택
2. 변경사항 저장

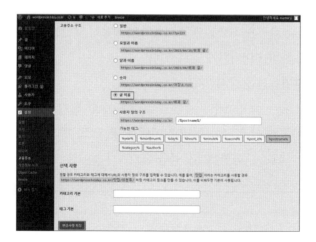

○ 관리자 페이지 화면옵션 설정하기

• 관리자 알림판 화면옵션 설정하기

알림판 화면은 '화면옵션'을 사용하여 사용하지 않는 항목은 보이
지 않게 하거나 나타나게 할 수 있다.

1. '화면옵션'을 클릭한다.

2. '빠른 임시글', '워드프레스 이벤트 및 뉴스', '환영합니다' 등을
클릭하여 관리자 화면에서 항목을 숨기거나 보여줄 수 있다.

3. 알림판의 항목이 너무 많이 있다면 중요한 순서나 보고 싶은
순서로 구성을 변경할 수 있다. 알림판의 항목을 드래그(drag and drop)

하여 원하는 곳으로 이동된다.

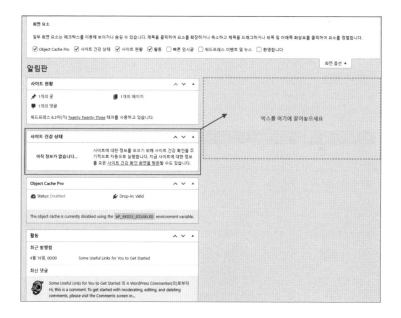

　화면옵션의 기능은 다른 관리자 메뉴('글', '페이지', '플러그인', '사용자')
에서도 사용된다. '테마'나 '플러그인' 설치 여부에 따라 표시 항목이
달라진다. 깔끔한 페이지나 한번에 많은 양을 보고 싶을 때 사용할
수 있다.

• '글' 메뉴 화면옵션

　플러그인에 따라 보여주는 컬럼이 변경될 수 있다. 너무 많은 컬
럼이 표시되어 보고 싶은 컬럼을 줄이거나 페이지당 보여주는 항목
을 조절할 때 사용할 수 있다.

• '페이지' 메뉴 화면옵션

글의 화면옵션처럼 플러그인에 따라 보여주는 컬럼이 변경될 수 있다. 너무 많은 컬럼이 표시되어 보고 싶은 컬럼을 줄이거나 페이지당 보여주는 항목을 조절할 때 사용할 수 있다.

• 플러그인 화면옵션

플러그인 페이지의 화면옵션이다.

사용자 페이지의 화면옵션이다.

다음으로 글쓰기에 대해서 알아보자

글쓰기

워드프레스는 CMS(콘텐츠관리시스템)이다. 기능의 일부를 사용해서 홈페이지를 만드는 것뿐이다. 글과 페이지 메뉴에서 콘텐츠를 관리할 수 있다. 그리고 워드프레스의 글 작성 편집기인 '블록에디터'는 다른 웹사이트에 비해 매우 발전되었다. 그래서 처음 접하면 복잡해 보일 수 있지만, 이해한다면 어렵지 않게 글을 작성할 수 있다. 블록 에디터를 통해 양질의 콘텐츠를 쌓아 나가면 성장형 홈페이지를 만들 수 있다.

워드프레스의 '글'과 '페이지' 작성하는 방법은 비슷하지만 서로 다른 목적에서 사용된다. 먼저 '글'은 블로그 게시물로서, 보통 최신 순으로 표시되고 태그, 카테고리 등으로 분류된다. 기사처럼 새로운 소식이나 블로그 포스팅에 사용된다.

'페이지'는 정적인 콘텐츠로서, 보통 메뉴에 포함되며 고정된 내용을 제공한다. 회사소개, 인사말, 오시는길 정도는 페이지에 사용된다. 페이지는 글과 다르게 카테고리와 태그가 없다. 글에 순서를 매겨 목록에 보여지는 순서를 정할 수 있다. 추가, 삭제, 수정하는 방법은 글과 비슷하다.

'글'과 '페이지' 콘텐츠 편집은 블록 에디터라는 편집기를 사용한다. 그래서 자세한 블록에디터 편집기 사용방법은 뒤에서 학습하려고 한다.

○ 글 작성 하기

블로그 유형의 웹사이드를 만들기 위해서는 글 작성만 해도 충분하다. '페이지' 작성까지는 필요없다. 블로그는 수시로 글을 발행하기 때문에 효과적으로 분류하기 위해서 카테고리나 태그를 사용해야 한다.

▶ 관리자 '글' 페이지 화면 안내

'글' 화면은 모든 게시물을 관리할 수 있는 기능을 제공한다. 게시물을 수정, 삭제, 조회할 수 있다. 필터링과 검색기능을 통해 게시물을 찾을 수 있다.

일관편집기능을 사용하면 작성자, 카테고리 등을 편집할 수 있다. 빠른편집기능을 이용하면 선택한 게시물에 대해서 제목, url, 카테고리, 태그와 같은 값을 빠르고 쉽게 변경할 수 있다.

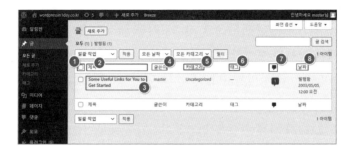

글 테이블에는 다음 열이 포함되어 있다.

① □ - 일괄작업으로 처리할 특정 게시물을 '선택'할 수 있다.

② 제목 - 링크로 표시되는 게시물의 제목이다. 선택한 게시물을 편집할 수 있다. 제목 옆에 게시물이 '검토대기중', '임시글'로 설정된 경우 굵은 글씨로 표시된다.

③ ID - 게시물 제목 위로 마우스를 가져가면 브라우저의 상태 표시줄에 표시되는 URL의 일부로 게시물 ID가 표시된다. 게시물의 ID 번호는 WordPress의 데이터베이스에서 개별 게시물을 식별하는 데 사용하는 고유 번호이다.

게시물 제목 위로 마우스를 가져가면 제목아래에 편집|빠른편집|휴지통|보기 버튼이 활성화된다.

194

편집 버튼 : 블록에디터를 이용하여 수정할 수 있는 편집창으로 이동된다.

빠른편집 : 제목, 고유주소, 카테고리 등을 수정할 수 있는 레이어가 표시된다.

휴지통 : 휴지통에 보관하여 삭제할 수 있다.

보기 : 작성된 콘텐츠 URL로 이동된다.

④ 글쓴이 - 링크 형식으로 표시되며 게시물을 작성한 글쓴이이다. 글쓴이 링크를 클릭하면 해당 사용자가 작성한 모든 게시물이 게시물 테이블에 표시된다.

⑤ 카테고리 - 카테고리가 링크 형태로 표시된다. 링크를 클릭하면 해당 범주에 할당된 게시물 목록이 게시물 테이블에 표시된다.

⑥ 태그 - 태그가 링크 형태로 표시된다.

⑦ 댓글풍선표시 - 해당 댓글을 검토할 수 있다.

⑧ 날짜 - 날짜 열에는 게시된 게시물의 '게시' 날짜 또는 다른 게시물의 '마지막 수정' 날짜가 표시된다.

글 테이블에 표시되는 컬럼은 '화면옵션'을 통해 조절할 수 있다. 작성된 글이 많이 있어서 한 번에 많은 양을 보고 싶다면 화면

옵션의 페이지당 항목수를 늘리면 된다.

• 새 글 작성 방법

새 글을 작성하는 방법은 다양하다. 웹은 다양한 경로로 접근할
수 있기 때문에, 여러 가지 방법을 활용할 수 있다.

case1 : 상단 메뉴에서
① 사이트 상단툴바에 '+새로추가' 클릭
② '글' 클릭

case2 : 관리자 메뉴에서
① '글' 마우스 오버
② '새로추가' 클릭

case3: 관리자〉 글 메뉴에서

① '새로추가' 클릭

새 글을 작성하는 편집화면으로 이동된다.

새글을 작성하기위해선 편집기 사용법에 대해서 알아야 한다.

블록편집기는 다음 장에 자세히 학습하도록 하겠다.

• 글 목록에서 작성한글 빠른 편집하기

빠른편집에서는 제목, 슬러그, 글작성일, 카테고리, 태그, 댓글 허용 여부, 템플릿을 수정할 수 있다.

1. 관리자메뉴 글 - 모든 글 클릭
2. 편집하려는 글제목에 마우스 커서 올려두기
3. 빠른 편집 클릭

선택한 글에 '빠른편집'이 활성화된다.

4. 수정이 필요한 곳을 수정하고 '업데이트'를 클릭한다.

• 페이지 작성 하기

페이지는 글 작성과 다른 용도로 사용된다. 페이지는 주로 고정된 콘텐츠인 경우 사용되며 대부분 웹사이트에서 상단 메뉴에 연결된다. 고정된 콘텐츠는 페이지를 사용하여 작성하고 관리할 수 있다. 페이지 화면과 새 페이지 작성 방법은 글 페이지와 글 작성 부분과 크게 다르지 않다. 페이지는 카테고리와 태그는 없지만 속성이 추가되었다. 속성에는 '부모'와 '순서'가 있다. '부모'는 페이지가 계층구조인 경우 부모페이지를 지정하는 기능이다. 회사소개 페이지의 하위 페이지인 회사연혁, 대표인사말 같은 내용에 적합하다. '순서'는 페이지가 많이 있을 경우 관리를 위해 순서를 정하여 관리할 수 있는 기능이다.

새페이지를 작성하고 수정하고 편집하기는 글 작성과 매우 유사하다. 그렇기 때문에 페이지 작성은 글 작성 방법에 익숙하다면 금방 학습할 수 있다.

• 새 페이지 발행하기

홈페이지(시작페이지)는 페이지를 새로 추가하고 편집해야 한다. 콘텐츠 편집은 글 작성과 마찬가지로 블록에디터를 사용하여 페이지를 편집하고 수정할 수 있다.

1. 페이지 메뉴에서 새로 추가 버튼을 클릭한다.

2. 제목에 'Home'을 입력한다.

3. 공개버튼을 눌러 페이지를 발행한다.

4. 페이지 메뉴에서 확인한다.

제목이 'Home'이라고 되어 있는 비어 있는 페이지가 발행되었다.

웹사이트에서 자주 사용하는 페이지로는 회사소개, 연혁, 회사비전, 조직도, 인사말, 오시는길, 서비스소개, 회사비전과 같은 페이지가 있다. 그리고 작성된 글을 보여주는 블로그 페이지가 있다.

페이지는 발행 후 수정할 수 있고 메뉴에 선택적으로 연결하여 알리고 싶은 페이지만 보이도록 할 수 있다. 메뉴나 다른 페이지들에 의해 링크가 연결되어 있지 않다면 사용하지 않는 페이지가 된다.

• 페이지 발행하고 순서 지정하기

앞에서 1개의 페이지만 발행했는데 페이지를 추가로 발행해 보고 속성을 이용하여 보이는 순서와 부모 설정을 알아보자.

우선 회사소개, 연혁, 오시는길, 서비스, 블로그 페이지를 발행하자. 발행하는 방법은 앞에서 학습한 내용으로 진행하면 된다.

발행했다면 아래와 같이 볼 수 있다.

순서가 적용되지 않아서 임의로 정렬되어 있다. 빠른편집을 이용하여 정렬 순서를 수정해보자.

Home(1), 회사소개(2), 연혁(2), 서비스(3), 블로그(4), 오시는길(5) 순서로 정렬을 하겠다.

순서 변경하기

1. 목록에 변경하고자 하는 제목(Home)에 마우스를 올리면 도구가 표시가 된다. 빠른편집을 클릭한다.

2. Home의 '빠른 편집' : 순서 항목을 1로 수정한다. 수정이 완료
되었다면 업데이트를 클릭한다.

3. 블로그의 '빠른편집' : 슬러그 항목을 blog로 수정한다. 순서 항
목을 4로 수정한다. 수정이 완료되었다면 업데이트를 클릭한
다.

4. 다른 페이지(서비스, 연혁, 오시는길, 회사소개) 제목의 빠른항목들도
   아래와 같이 수정한다.

   - 서비스의 빠른편집 : 슬러그 = service, 순서 = 3
   - 연혁의 빠른편집 : 슬러그 = history, 순서 = 2
   - 오시는길의 빠른편집 : 슬러그 = map, 순서 = 5
   - 회사소개의 빠른편집 : 슬러그 = about, 순서 = 2

5. 키보드 f5를 클릭하거나 페이지를 새로고침 하면 아래와 같이
   순서가 수정된다.

• 페이지 부모 지정 하기

　페이지에 부모를 지정하면 계층구조로 구조화하여 페이지를 관
리 할 수 있다.

　회사소개 안에 연혁이 포함되기도 한다. 부모 설정 역시 편집에

서도 가능하지만 빠른편집에서 가능한 부분이다.

1. 연혁의 빠른편집을 클릭한다.

2. 부모 항목에서 '회사소개'를 선택한다. 수정이 완료되었다면 업데이트를 클릭한다.

다음과같이 계층구조로 회사소개와, 연혁이 표시되었다.

글 작성과 페이지 작성까지 학습했다. 다음장에서 워드프레스의 블록에디터에 대해서 알아보자

블록편집기
사용법

○ 블록편집기 편집기 사용법

워드프레스가 어렵다고 생각되는 이유 중 하나는 새로운 편집기(블록에디터)가 등장 때문이다. 하지만 좀 더 멋진 웹사이트를 만들 수 있게 되었다. 워드프레스 5.0부터 적용된 블록에디터는 다양한 레이아웃과 미디어를 지원한다. 반면 고전 편집기는 일반적인 텍스트 에디터(이메일, 카페 글쓰기)와 비슷해서 사용자들이 쉽고 익숙하게 사용할 수 있지만 단순 편집 이외에 별다른 기능이 없었다. 아직도 일부 사용자들은 블록에디터가 어렵다는 이유로 클래식 편집기를 세팅하여 사용하기도 한다.

블록에디터는 다양한 콘텐츠 요소를 추가할 수 있는 블록을 제공하여 콘텐츠 레이아웃을 만들 수 있다. 예를 들어, 텍스트 블록을 추가하여 문단, 코드 블록, 목록 등을 작성할 수 있고, 이미지 블록을 추가하여 이미지를 삽입하거나, 오디오 블록을 추가하여 음성 파일을 삽입할 수 있다. 또한 디자인 블록을 추가하여 버튼, 더보기, 페이지 나눔 등의 요소를 추가할 수도 있다. 새로운 편집기인 블록에디터를 잘 활용하면 콘텐츠에 더욱 다양한 옵션을 제공해 멋진 글을 보기 좋게 꾸밀 수 있다. 블록에디터에서는 고전편집기를 '클래식'블록을 선택하면 고전편집기를 사용할 수 있다.

아래 예제는 글 작성에서의 블록편집기이다. 글과 페이지 역시 같은 블록편집기를 사용한다.

블록편집기는 세 가지 섹션으로 구분할 수 있다.

① 상단상단툴바
② 콘텐츠 영역
③ 게시물 설정 사이드바

각 섹션에 대해서 알아보자.

• 상단 툴바

① 종료버튼 : 편집기를 종료하려면 클릭한다.
② 블록 삽입기 토글(toggle : 두 가지 상태를 번갈아 전환하는 기능) : 게시
  물이나 페이지에 블록, 패턴, 미디어를 추가할 수 있는 창이 열
  린다. 다시 한번 클릭하면 창이 닫힌다. 블록 패턴 미디어를 검
  색하고 선택하여 필요한 항목을 콘텐츠 영역에 추가할 수 있다.

③ 도구 : 블록을 선택할 때 사용한다.

④ 되돌리기/다시하기 : 작업을 실행 취소하거나 실행 취소한 작업을 다시 실행한다.

⑤ 목록보기 : 작성한 콘텐츠의 블록 목록을 보고 블록 사이를 쉽게 탐색할 수 있다.

⑥ 임시글저장 : 콘텐츠를 게시하지 않고 임시글로 저장한다.

⑦ 미리보기 : 작성된 콘텐츠가 어떻게 보이는지 확인한다.

⑧ 공개 : 콘텐츠를 발행한다.

⑨ 설정 토글 : 게시물/페이지 사이드바 설정을 표시하거나 숨긴다. 더 넓은 콘텐츠 편집 영역을 확보할 수 있다.

⑩ 옵션 : 추가적인 옵션을 확인할 수 있다. 보기, 편집기, 도구, 환경설정과 관련된 옵션을 확인할 수 있다.

- 보기 - 편집기의 사용자인터페이스(UI)를 다양한 형태로 수정할 수 있다. 상단 툴바, 스포트라이트 모드, 전체화면 모드, 글집중 모드가 있다.

- 편집기 - 비주얼 편집기, 코드편집기를 선택할 수 있다.

- 도구 - 키보드 단축키나 도

움말 등을 확인할 수 있다.

- 환경설정 - 발행에 대한 옵션, 블록에 대한 보기 옵션, 게시물 설정 옵션 등을 설정할 수 있다.

• 콘텐츠 영역

제목과 콘텐츠를 편집할 수 있는 영역이다. 블록을 추가하거나 선택하면 게시물 설정사이드바의 항목이 변경된다.

• 게시물 설정 사이드바

선택한 블록에 따라서 설정 값들을 변경할 수 있다.

블록 탭에서는 선택된 블록의 색상, 링크, 속성, 폰트 크기, 여백 등 변경할 수 있다.

글 탭에서는 요약정보, 카테고리, 태그, 특성이미지 등을 변경할 수 있다.

○ 블록편집기로 글쓰기

- 제목영역에 제목을 추가한다.
- 본문영역을 넓게 사용하기 위해 설정 토글을 닫아 보이지 않게 했다.
- 본문영역에 글을 작성한다

기본으로 세팅된 블록은 문단 블록이다. 별도의 선택이 없다면 문단블록으로 작성된다.

- 본문영역의 + 버튼을 눌러서 새로운 블록을 추가할 수 있다.
- 상단툴바의 영역에서도 새로운 블록을 추가할 수 있다.

• 본문영역 추가하기

플러스 버튼을 클릭하면 선택가능한 블록이 표시된다. 원하는
블록이 표시되지 않는다면 검색할 수 있고, 모두 찾아보기 버튼을
누르면 다양한 블록들을 보여준다.

• 상단툴바 이용하기

상단툴바의 블록삽입기를 클릭하면 사용가능한 블록이 표시된
다. 블록을 선택하여 본문영역에 드래그 하거나 클릭하면 블록이
편집영역에 추가된다.

제목 블록을 추가해보자.

2개의 제목을 추가 했다.

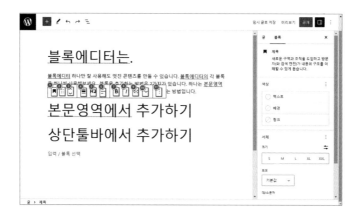

작성된 '제목블록'을 클릭하면 블록의 옵션을 변경할 수 있는 '블록도구모음'이 나온다.

① 변환 : 제목 블록을 단락, 목록, 인용문, 열, 인용구 또는 그룹

블록으로 변환할 수 있다.

② 드래그아이콘 : 선택한 블록의 위치를 드래그하여 이동할 수 있다.

③ 핸들이동 : 위아래 화살표를 이용하여 블록을 이동할 수 있다.

④ 정렬변경 : 설정 너비를 변경할 수 있다.

⑤ 제목수준변경 : H1에서 H6까지 제목의 수준을 변경할 수 있다.

⑥ 테스트 정렬 변경 : 중앙, 좌, 우 정렬을 할 수 있다.

⑦ 볼드 : 제목에 볼드를 추가할 수 있다.

⑧ 이탤릭체 : 제목에 기울임을 선택할 수 있다.

⑨ 링크연결 : 링크를 추가할 수 있다.

⑩ 문자제어 : 하이라이트, 취소선 등을 선택할 수 있다.

⑪ 추가옵션 : HTML 편집기능을 사용하거나 블록을 제거할 수
있다.

블록도구모음은 블록마다 조금씩 달라진다.

색상이나 폰트 크기 등은 '설정사이드바'를 이용한다.

설정사이드의 블록 탭을 선택하면 글자색, 배경색, 글자 크기 등을 수정하거나 css 코드를 추가할 수 있다. 블록의 다양한 기능을 하나씩 사용하면 디자인하고 꾸밀 수 있는 범위가 늘어난다.

블록사이드탭은 블록 외에 패턴탭과 미디어 탭이 있다. 패턴과 미디어탭은 뒤에서 배울 선택한 테마에 따라 달라진다. 패턴 탭을 선택하고 원하는 패턴을 추가해보자. 특성, 글, 텍스트, 갤러리, 콜투액션 등등 다양한 패턴들이 저장되어 있고 클릭 몇 번으로 패턴을 추가할 수 있다.

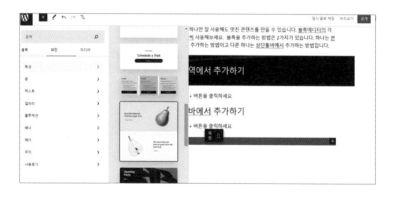

추가된 패턴 탭 역시 블록도 구모음을 이용하여 마음껏 수정할 수 있다.

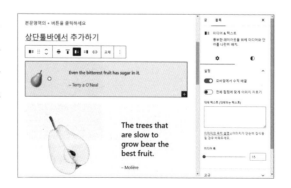

미디어 탭에서는 업로드된 이미지를 사용할 수 있다. 그리고 오픈버스(https://openverse.org/) 검색을 지원하고 있다.

무료 이미지를 찾기 위해 픽사베이 같은 사이트에 접속해서 다운로드받고 업로드 하는 과정이 필요 없이 검색해서 쉽게 사용할 수 있다. 검색 후 원하는 이미지를 클릭하면 이미지가 삽입된다.

선택된 이미지는 자동으로 업로드 되었다. 이미지 아래 보이는 캡션은 블록도구모음을 통해 보이지 않도록 설정하거나 캡션을 수정할 수 있다.

블록에디터의 다양한 블록을 한 번씩 사용해보면 더 멋진 콘텐츠

"Gray Cat" 작성자: Snapwire/ CC0 1.0

216

를 쉽게 만들 수 있다.

글 작성이 끝나면 '설정 사이드바'
의 태그, 특성이미지, 카테고리에 정
보를 입력하고 공개버튼을 누르면
글 작성이 완료된다.

글 작성 후 설정에 대해서 한 번
더 확인한다.

확인하는 과정이 나오고 '공개' 버
튼을 클릭하여 공개한다.

○ 글 목록에서 작성한 글 수정 편집 하기

콘텐츠를 작성하면 수정해야 할 일이 꼭 생긴다. 한 번에 완벽
하게 작성하긴 어렵다. 워드프레스에선 작성한 콘텐츠를 수정할
수 있고 저장했던 버전별로 관리되고 있다. 원한다면 과거에 수정
했던 콘텐츠를 다시 되돌릴 수 있다.

글을 블록편집기로 수정하는 방법에 대해서 알아보자.

1. 관리자메뉴 글 - 모든 글 클릭
2. 편집하려는 글제목 클릭

블록에디터를 이용해 글을 수정하자. 설정 사이드바에서는 다양한 요소들을 수정할 수 있는데 URL의 고정 주소를 수정해 보겠다.

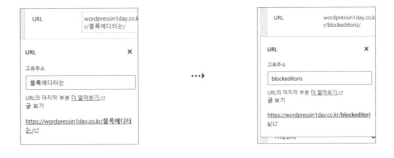

고유주소에 "blockeditoris"라고 수정했다. 접속할 수 있는 고
유주소가 변경되었다.

설정 사이드바 '리비전' 기능을 수정된 내용을 확인하고 되돌릴
수 있다.

클릭하면 아래와 같은 화면이 나온다.

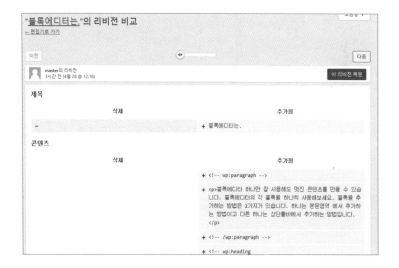

저장된 시간별로 변경
된 내용이 알기 쉽게 표시
되고 '2 리비전 복원'버튼
을 클릭하면 복원된다.

모든 수정이 끝났다면
'업데이트' 버튼을 클릭한
다.

수정된 결과가 저장되면 업데이트 버튼이 비활성화 된다.

상단툴바의 '종료' 버튼을 클릭하여 종료한다.

다음 장에서는 카테고리와 태그 사용방법에 대해서 학습하겠
다.

카테고리와
태그

카테고리

작성한 글(post)이 많아지면 분류가 필요하다. 게시물은 1개 이상의 카테고리를 선택할 수 있다. 카테고리는 사용자 탐색에 도움을 주고, 유사한 콘텐츠끼리 그룹화할 수 있다. 카테고리는 관리자에서 '글 - 카테고리'에서 확인할 수 있다.

카테고리 메뉴는 '새 카테고리 추가' 와 '카테고리 테이블' 섹션으로 구분된다.

새 카테고리 추가 섹션

이름 : 사이트에 나타나는 이름

슬러그 : URL에서 사용된다. 슬러그를 news라고 하면 domain/category/news으로 접속해 확인할 수 있다.

부모 카테고리 : 카테고리를 대분류 소분류로 그룹화할 수 있다. 대분류 카테고리는 '부모 카테고리 없음'으로 선택하고, 소분류는 부모카테고리를 만들어진 카테고리에서 선택하여 추가할 수 있다.

설명 : 카테고리에 대한 설명이 필요한 경우 작성한다. 테마에 따라서 상단에 표시되기도 한다.

새 카테고리 추가 버튼 : 클릭하면 카테고리가 추가된다.

카테고리 테이블 섹션

만들어진 카테고리를 볼 수 있다.

화면 옵션을 통해 칼럼과 항목 수의 조절이 가능하다.

카테고리를 변경하거나 삭제하려면 변경하려는 카테고리의 제목에 마우스 오버 하면 메뉴가 생성된다.

일괄 작업 ∨	적용			2 아이템
☐ 이름	설명		슬러그	개수
Uncategorized	—		uncategorized	2
☐ **카테고리1** 편집 | 빠른 편집 | 삭제 | 보기	부모카테고리가 없는 카테고리1 입니다.		cate1	0
☐ 이름	설명		슬러그	개수
일괄 작업 ∨	적용			2 아이템

편집 : 선택된 카테고리의 이름, 슬러그, 부모카테고리, 설명을 수정할 수 있는 화면으로 이동된다.

빠른편집 : 이름과 슬러그를 편집할 수 있다.

삭제 : 선택된 카테고리가 삭제된다. 카테고리가 삭제되더라도 작성한 콘텐츠는 삭제되지 않는다. 기본 카테고리는 삭제할 수 없다.

보기 : 카테고리에 속하는 게시물이 표시된다.

태그

태그는 카테고리와 비슷하지만 계층구조가 없다. 카테고리는 목차 정도 생각하면 되고 태그는 카테고리보다 조금 더 구체적인 키워드가 태그가 된다. 제주 여행 포스팅을 할 때 "카테고리 : 제주도", "태그 : #아침 #브런치 #애월 #맛집 #첫날" 이런 키워드들이 키워드가 된다. 태그는 많이 사용하지 않고 10개 정도가 적당하다.

태그 메뉴는 '새로운 태그 추가'와 '태그 테이블' 섹션으로 구분된다.

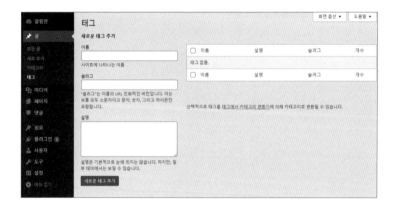

태그를 추가, 수정, 삭제하는 방법은 카테고리와 동일하다. 콘텐츠 작성 중에도 태그를 추가할 수 있다.

테마

워드프레스에서 테마는 웹사이트의 외모를 결정하는 역할을 한다. 테마를 변경하여 블로그, 매거진, 회사 홈페이지 등을 만들 수 있다. 그리고 로고, 메뉴, 폰트 역시 변경할 수 있다. 관리자 메뉴의 '외모'에서 테마를 활성화하고 추가, 삭제할 수 있다. 워드프레스를 집이라고 생각한다면, 테마는 집의 인테리어와 같은 역할을 한다.

워드프레스를 처음 시작했다면 테마 선택에 너무 많은 시간을 투자하지 않아야 한다. 처음부터 완벽한 선택을 하려고 하는데 나중에 마음에 들지 않는다면 언제든지 바꿀 수 있다.

무료테마만 해도 1만 개의 이상에서 선택할 수 있다. 하지만 테마는 겉모습을 결정하는 데 불과하다. 너무 많은 시간을 테마 선택과 꾸미기를 하다 보면 지치게 된다. 먼저 가독성이 좋고 깔끔한 테마를 선택하여 웹사이트를 만드는 것이 우선이다. 마음에 들지 않는다면 테마를 언제든 바꿀 수 있다. 테마 선택에 너무 많은 시간을 투자하지 않고 만들어보자. 테마 선택 전에 몇 개의 글들을 작성해 두면 테마 미리보기를 통해 어떻게 보이는지 간단하게 확인할 수 있다.

테마는 무료 테마와 유료테마가 있다. 관리자 화면에서 바로 설치 가능한 테마도 있고, zip 파일을 이용해서 설치하는 방법이 있다. 무료 테마의 경우 대부분 바로 설치가 가능하고 유료 테마나 개인이 만든 테마는 별도의 설치과정이 발생한다. '설치'는 서버에 업로드 하는 과정이고 바로 활성화가 되지 않는다.

○ 테마 화면 설명

관리자 ⇨ 외모 ⇨ 테마에서 테마를 새로 추가하고 활성화할 수 있다.

1. '새로 추가' 새로운 테마를 설치할 수 있다.

2. 활성화 : 버튼을 클릭해서 테마를 적용할 수 있다. 상세정보를 클릭하면 테마에 대한 정보를 볼 수 있다.

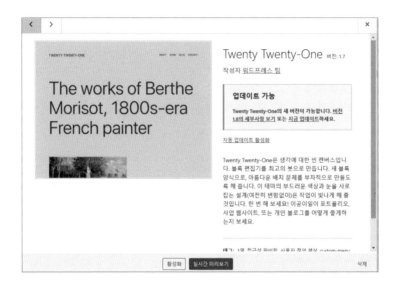

테마의 업데이트가 있을 경우 클릭하여 업데이트 할 수 있고 '실시간 미리보기'를 클릭할 경우 '활성화'하지 않고 미리 볼 수 있다. 테마가 필요없다면 삭제하면 된다.

테마의 업데이트가 필요한 경우 '지금 업데이트' 클릭만 하면 새로운 버전이 적용된다.

테마는 활성화 후 설치된 테마가 적용된다.

Q 테마에 따라 달라지는 하위 메뉴 ^(클래식 테마와 블록 테마)

테마는 크게 클래식테마, 블록테마로 구분된다. 구분에 따라서 사용자 외모 메뉴 설정 방법이 달라진다. 클래식테마와 블록테마에 대해서 알아보자.

Twenty Twenty-Three(이하 tt3) 테마는 블록테마이고, Twenty Twenty-one(이하 tt1) 테마는 클래식 테마이다. 워드프레스 버전에 따라서 다르게 보일 수 있다. 혹시 같은 이름의 테마가 보이지 않아도 '새로 추가'하여 설치할 수 있다. tt3, tt1의 테마는 워드프레스의 제공하는 무료 테마이다. 테마를 추가하는 방법은 블록테마와 클래식테마의 차이를 확인하고 바로 학습하도록 하겠다.

tt3 테마를 '활성화'를 클릭하여 활성화를 해보자.

활성화 되면 테마가 적용되고 적용된 테마는 사이트에서 바로 확인할 수 있다.

관리자 상단의 사이트 방문을 클릭하면 된다.

Ctrl이나 Shift 키보드를 사용하지 않고 '사이트 방문'을 클릭하면 관리자 화면에서 사이트로 이동된다. 다시 관리자 메뉴에서 외모 메뉴를 찾아야 하기 때문에 다양한 테마를 활성화해서 확인하고 싶다면 Ctrl이나 Shift 키를 사용하여 사이트를 열어보자. Shift 키보다 Ctrl을 자주 이용하는데, Shift는 새 창으로 결과를 보여주기 때문에 하나의 윈도우에서 제어되는 Ctrl이 좀 더 편리하다.

Ctrl 키를 누른 상태에서 클릭한 경우 브라우저의 새로운 탭에 사이트가 열린다.

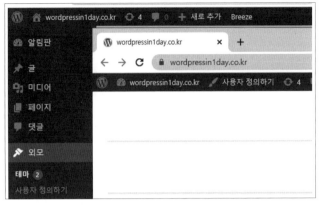

Shift 키를 누른 상태에서 클릭한 경우 새로운 창 브라우저로 사이트가 열린다.

다른 테마를 활성화할 때마다 외모도 변경되었지만 관리자의
테마 메뉴 또한 서로 달라진다. 테마마다 관리자 메뉴도 변경되고
설정도 서로 달라진다. tt3과 tt1 모두 '워드프레스'에서 만든 테마
지만 관리자의 외모 메뉴의 하위 메뉴가 서로 다르게 표시되고 있
다.

tt3 테마가 활성화 된 상태이다.

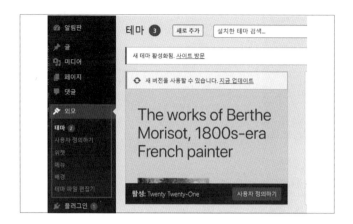

tt1 테마가 활성화 된 상태이다. 외모의 하위 메뉴가 매우 다르다. 테마에 따라 달라지는 건 당연하지만 가장 큰 이유는 워드프레스5.9에서부터 블록테마라는게 생겼기 때문이다. 기존의 테마를 '클래식테마'라고 하며, 새로 생긴 테마는 '블록테마'라고 한다. Twenty Twenty-three의 테마는 블록테마이며 Twenty Twenty-one 테마는 바로 클래식 테마이다.

Twenty Twenty-three의 외모 하위메뉴 (블록테마)

Twenty Twenty-one의 외모 하위메뉴 (클래식테마)

블록테마에서는 GNB 메뉴, 헤더, 푸터, 콘텐츠 모두 편집기(블록에디터)사용하여 자유롭게 수정할 수 있다. 그리고 편집기에서 블록을 사용하여 위젯(웹사이트에 추가되어 사용자에게 다양한 기능이나 콘텐츠를 제공하는 독립된 모듈) 기능을 바로 바로 적용할 수 있다.

클래식테마는 '사용자 정의하기' 메뉴에서 제한된 기능만 수정할 수 있다. 메뉴 구성은 별도의 '메뉴' 메뉴에서 정의할 수 있다. 그리고 필요에 따라 위젯을 별도로 정의해야 한다.

다음은 tt3 테마를 활성화한 후 적용된 외모다. 각각의 테마를 적용하여 확인해보자. 사이트에서 바로 확인할 수 있다. 관리자 상단의 사이트 방문을 클릭하면 된다.

다음은 tt3 테마를 활성화한 후 적용된 외모다.

다음은 tt1 테마를 활성화한 후 적용된 외모다.

클릭 한 번으로 새로운 웹사이트로 변신했다. 기본 설치된 테마의 외모가 맘에 들지 않는다면 '새로 추가'를 클릭해서 추가하여 적용할 수 있다. 다양한 테마를 설치하고 테스트 해보자.

○ 테마추가 하고 적용하기 (자동설치)

새로 추가 가능한 테마를 살펴보면 인기탭 기준 설치 가능한 테마가 5천 개가 넘는다.

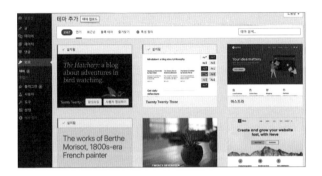

최근 순으로 탭을 클릭해 보면 1만 개가 넘는 테마에서 선택하여 설치하고 적용할 수 있다. 블록테마 탭은 워드프레스의 새로운 테마인 블록테마를 별도로 검색할 수 있다. 특성필터를 사용한다면 쇼핑몰에서 쇼핑하듯 필터를 사용하여 테마를 검색할 수 있다.

그리고 키워드를 사용하여 다양한 테마를 찾아 볼 수 있다.

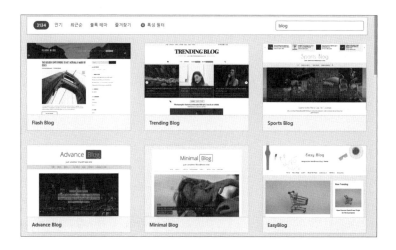

'blog' 검색을 한 결과다. 3천여 개의 블로그 테마가 검색되었다. 내가 원하는 테마가 검색되었다면, 마우스를 올려두면 '설치'하거나 '미리보기' 할 수 있는 버튼이 활성화가 된다.

'설치'를 클릭하면 바로 설치만 된다.

'활성화'버튼을 클릭하면 테마가 활성화 된다. 테마를 설치하고 적용하는 건 무료다. 얼마든지 설치해 보자. 설치 후 필요 없는 테마는 모두 삭제할 수 있다.

그런데 다 무료는 아니다. 테마 중에는 프로 기능이나 프리미엄 기능들을 활용하려면 추가로 결제하는 것들이 종종 있다.

외모 ⇨ 테마 메뉴에서는 설치한 테마를 업데이트 하거나 설치, 활성화할 수 있다. 다양한 테마를 설치해 보고 적용해 볼 수 있다.

penscratch 테마가 활성화된 상태이다.

적용된 사이트를 확인해 보자.

테마를 선택하고 확인하는 단계는 어렵지 않다.

penscratch 테마는 기본에 충실한 테마이다. 별도의 수정이 없어도 비교적 깔끔한 블로그 사이트로 변신된다. 블로그테마로 무료 테마를 찾는다면 좋은 선택이다.

설치(다운로드)해 놓고 이것저것 활성화해 보고, 결정되면 나머지 필요 없는 테마들은 삭제한다. 서버 공간만 차지할 뿐이다.

○ 테마 추가하고 적용하기^(테마 파일 업로드)

테마를 zip파일로 다운로드 받은 경우 다른 테마 설치 방법이 있다. 유료 테마를 구입한 경우 테마 제작자가 다운로드 파일을 제공한다. 보통은 zip 압축파일로 제공된다.

관리자 ⇨ 외모 ⇨ 테마 ⇨ 새로 추가 버튼을 클릭한다.

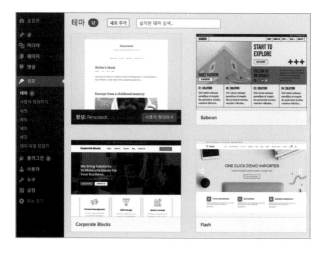

테마 업로드 버튼을 클릭한다.

파일선택을 클릭한다.

테마파일을 선택 후 '열기'를 클릭한다.

파일이 선택되었다면 '지금설치' 버튼을 클릭한다.

기다리면 테마가 설치가 된다.

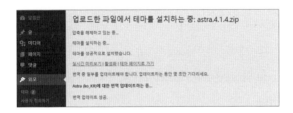

아스트라 테마 한국어버전을 설치했다.

'실시간미리보기', '활성화', '테마 페이지로 가기'로 이동 가능하며, 바로 활성화했다.

○ 유료테마 사용하기

무료테마에서 만족한다면 유료테마는 구입할 필요가 없다. 하지만 무료테마도 충분하지만 '사용자정의하기'에 기능제한이 있어서 답답한 경우가 있다. 이럴 때는 유료 테마를 고려할 수 있다. 많은 웹사이트에서 유료 테마를 구입할 수 있다.

유료테마는 수십$, 수백$나 된다. 종류도 다양하다. 구입하기 전에 워드프레스 버전과 호환성 여부도 검토해야 하고, 사용하는 데 있어서 어려움이 없는지 체크해야 한다.

유료테마를 구입할 수 있는 곳으로는 테마포레스트(https://themeforest.net/) 같은 마켓플레이스나 개별 테마를 구입할 수 있는 개별 홈페이지가 있다. 테마포레스트는 엔바토마켓에서 운영하는 곳인데 워드프레스테마, 플러그인, 사운드, 폰트 등을 구입할 수 있고 멋진 테마를 만든 경우 판매 또한 가능하다.

무료 홈페이지 인기 순위에 있는 NEVE, 아스트라, Hestia 테마 역시 각 개별 사이트에서 유료테마를 구입할 수 있다. GeneratePress와 같은 테마는 프리미엄 플러그인을 별도 구매하여 사용할 수 있다.

한국에도 한국형 테마를 만들어 판매하는 곳이 있는데 바로 케이 테마이다. (https://k-thememarket.co.kr/) 쿠폰코드 'RAONRAON' 을 적용하면 50% 할인을 받을 수 있다.

◯ 클래식 테마 '사용자 정의하기'

워드프레스는 테마마다 '사용자 정의하기'가 달라진다. 테마마다 모양이 달라지듯 각각 다른 방법으로 테마 설정하기가 달라진다. 워드프레스에서 만든 테마인 'Twenty Twenty-One'의 사용자 정의하기 설정 방법만 잘 알아도 다른 클래식 테마에서의 사용자 정의 설정에 큰 어려움은 없을 것이다.

워드프레스가 만든 최신의 클래식테마인 'Twenty Twenty-One'으로 사용자 정의하기를 설정해 보자. 인기있는 클래식테마로는 astra, GeneratePress, Neve, OnePress 등등이 있고, 한국형 테마로는 케이테마가 있다.

• ttt테마 활성화하기

외모 테마에서 'Twenty Twenty-One' 테마를 활성화한다. 삭제하거나 없다면 앞의 테마 설치하기 부분을 참고하여 '활성화'한다.

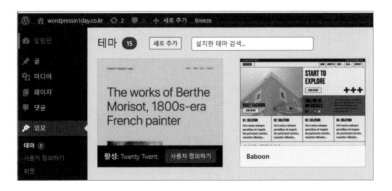

관리자메뉴에서 '외모-사용자 정의하기'를 클릭해도 되고, 테마 페이지에서 '사용자 정의하기' 클릭해도 된다.

아래와 같은 화면의 정의하기 페이지가 나온다.

왼쪽 | 사용자 정의하기 컨트롤러

오른쪽 | 미리보기

왼쪽은 사용자정의하기 컨트롤러 패널이다. 테마의 사용자정의를 할 수 있다.

오른쪽은 미리보기에서 설정한 내용을 미리 볼 수 있다. '공개' 버튼을 클릭하기 전에는 변경된 사항이 저장되지 않기 때문에 다양한 설정을 세팅해 볼 수 있다.

• 발행됨, 공개 버튼

사용자 정의하기에서 변경사항이 1개라도 수정된 경우 '공개' 버튼이 활성화되고, 클릭하면 '발행됨' 상태로 표시가 된다.

• 활성테마

지금 정의하고 있는 테마를 확인할 수 있다. '변경'을 클릭하면 다른 테마를 설치하거나 다른 테마를 활성화할 수 있다.

설치된 테마에서 '활성화'도 가능하며, WordPress.org 테마를 선택하면 다른 테마도 설치하거나 활성화할 수 있다.

• 사용자정의하기 컨트롤러 메뉴

사용자정의하기 메뉴는 기능은 '사이트아이덴티티', '색상&어두운 모드', '배경 이미지', '메뉴', '위젯', '홈페이지 설정', '요약 설정', '추가CSS'의 기능을 설정할 수 있다. 테마마다 컨트롤러 메뉴의 구성이 달라진다. 사용자 정의 컨트롤러는 다음 장에서 학습하겠다.

'PC', '태블릿', '스마트폰' 을 클릭하여 각 디바이스에서 어떠한 모양이 나오는지 미리 볼 수 있다.

데스크톱 화면 :

태블릿 화면:

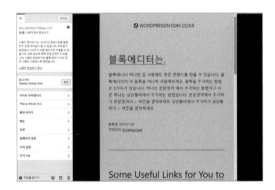

스마트 폰 화면 :

○ 사용자정의하기 컨트롤러 설정하기

tt1 테마는 8개의 사용자 정의하기 컨트롤러가 있다.

• 사이트 아이덴티티 패널 설정하기

사이트 아이덴티티티를 클릭하면 '로고', '사이트제목', '태그라인', '사이트아이콘'을 설정할 수 있다.

● 로고

로고가 있다면 로고 선택을 할 수 있다. 로고가 없다면 https://www.canva.com/, https://www.miricanvas.com/, https://logomakr.com/ 같은 곳에서 무료로 로고를 쉽게 만들 수 있다.

로고가 있다면 로고를 선택하여 설정할 수 있다.

① 파일업로드 탭을 선택하고, ② [파일 선택]을 클릭한다.

업로드할 로고를 선택하고 열기를 클릭한다.

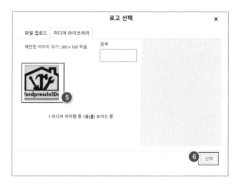

미디어라이브러리 탭에서 업로드된 이미지를 클릭하고 선택을 클릭한다.

⑦ 이미지 자르기가 필요한 경우 드레그하여 잘라낼 이미지를 선택하고 그렇지 않다면 ⑧ '자르게 건너뛰기'를 선택한다.

로고가 반영되었다. 로고가 마음에 들지 않는다면 '제거'를 클릭하여 삭제할 수 있고 '로고 변경'을 클릭해서 다른 로고를 선택할 수 있다.

로고 적용을 위해 '공개' 버튼을 클릭한다. 적용된 로고를 확인하기 위해서는 워드프레스 URL에 접속하여 확인할 수 있다.

상단의 로고가 반영되었다.
사이트 하단에도 로고가 반영되었다.

● **사이트 제목**

사이트제목 입력창에 제목을 입력하면 변경된 텍스트가 표시된다.

워드프레스로 '홈페이지 만들기'라고 제목을 입력한 후 '공개' 버튼을 클릭했다.

단순하게 화면에서 뿐만이 아니라 HTML문서의 헤더 부분에 들어가는 title도 변경된다.

〈title〉[사이트제목]〈/title〉

그래서 웹 브라우저의 타이틀도 변경되었다.

● 태그라인

태그라인 입력창에 태그라인을 입력하면 변경된 태그라인이 표시된다. 워드프레스로 '홈페이지 만들기'라고 제목을 입력한 후 '공개' 버튼을 클릭했다.

태그라인을 입력하면 HTML문서의 헤더 부분에 들어가는 title에도 변화가 생긴다.

〈title〉[사이트제목] - [태그라인]〈/title〉

웹 브라우저에 표시된 타이틀 역시 태그라인이 포함된 상태로 변경이 된다. 태그라인은 슬로건보다는 연관 검색 키워드를 넣는게 더 좋다.

● 사이트 제목 & 태그라인 표시

체크할 경우 사이트 제목과 태그라인이 표시된다.

〈사이트 제목 & 태그라인 표시 체크 안했을 때〉

〈사이트 제목 & 태그라인 표시 체크 했을 때〉

체크하지 않아도 HTML 태그에는 반영이 되기 때문에 꼭 체크할 필요는 없다.

● 사이트아이콘

웹페이지를 대표하는 아이콘이고 파비콘(favicon, 'favories+icon')

이라고 부르기도 한다. 업로드 하는 방법은 사이트 로고와 유사하
다.

사이트 아이콘을 선택하고 업로드 한다.

사이트 아이콘을 지정하면 웹사이트 대표아이콘이 적용된다.
브라우저에서 사이트아이콘이 등록되어 있다면 아이콘을 통해 사
이트를 식별할 수 있고, 즐겨찾기에 저장한 경우 사이트 아이콘이
같이 저장된다.

사이트 아이콘을 등록면 HTML문서의 헤더 부분에 link 태그와
meta 태그가 추가된다.

• 색상 & 어두운 모드 패널 설정하기

색상&어두운 모드에서는 배경색과 어두운 모드 지원 설정을 선택할 수 있다.

배경 색상 :

1. 색상 선택을 클릭한다.

2. 색상 팔레트에서 원하는 색을 선택한다.

3. 공개를 클릭하여 반영한다.

반영되었다.

어두운 모드 지원 : 스마트 디바이스나 데스크톱에서 다크모드(어두운모드)를 설정하여 사용하는 사용자를 위해 지원하는 기능이다. 어두운 모드에 체크만 하면 이용가능하다.

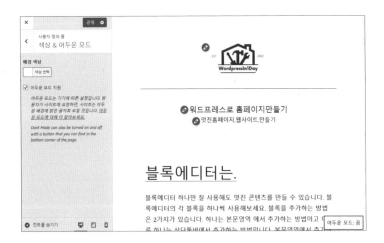

미리보기에서 [어두운 모드]가 활성화 된다.

[어두운모드 : 끔] 버튼을 클릭하면 [어두운모드 : 켬] 모드로 미리보기 할 수 있다.

웹사이트에 배경이미지가 필요한 경우 배경이미지를 선택할 수 있다. 단 1개의 배경이미지를 선택하여 패턴을 반복하거나 스크롤 기능을 사용하기 때문에 자주 사용하는 메뉴는 아니다.

배경이미지는 작은 이미지를 사용하여 반복하거나 1개의 큰이미지를 사용하여 사용할 수 있다. 이미지는 미리캔버스에서 32px×32px로 다음과 같이 만들었다. 배경이미지를 작게 하는 이유는 로딩시간의 단축을 위해서이다.

①배경이미지의 이미지선택을 클릭한다.

- 원하는 이미지를 선택한다.

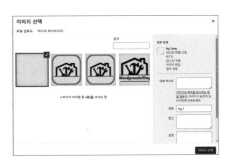

- 배경이미지가 적용되었다.

사전 설정 :

사전설정이 기본으로 되어있다. 사전설정을 클릭하면 다양한 배경 옵션을 선택할 수 있다.

- 기본

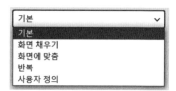

- 화면 채우기

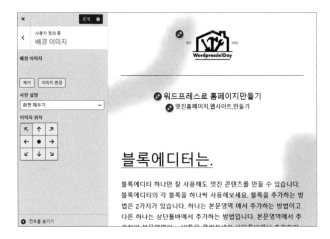

- 화면에 맞춤

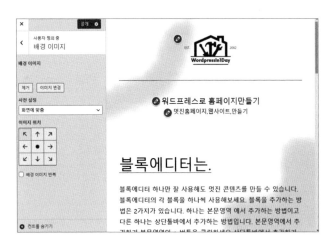

- 반복

반복 설정을 하게 되면 '페이지와 함께 스크롤'를 선택할 수 있
는데 체크할 경우 배경이미지가 스크롤을 사용할 때 같이 이동하
게 된다. 체크가 없는 경우 배경 이미지가 고정된 상태로 스크롤이
된다.

- 사용자 정의

사용자 정의를 선택한 경우 이미지 크기, 배경이미지 반복 유무, 페이지와 스크롤 유무를 체크하여 적용할 수 있다.

원하는 배경이미지와 다양한 옵션을 통해 배경이미지를 선택할 수 있다.

• 메뉴 패널 설정하기

홈페이지에 빠질 수 없는 구성요소 중 하나인 메뉴다. 생성된 '메뉴'가 없는 경우 아래 이미지와 같이 표시된다.

메뉴 만들고 관리하는 과정은 4장 메뉴에서 해당기능을 확인할 수 있다.

'메뉴'가 있는 경우

1. 메뉴가 있는 경우 생성된 메뉴를 클릭한다.
2. 주 메뉴를 클릭한다.

3. 미리보기에서 활성화된 메뉴를 확인할 수 있다.

4. 공개 버튼을 클릭한다.

5. 로고가 왼쪽으로 이동되고 오른쪽에 등록한 메뉴가 적용되었다.

• 위젯 패널 설정하기

위젯(widget)은 웹사이트의 작은 미니 프로그램 정도 생각하면
된다. 워드프레스는 웹사이트의 푸터(바닥글)이나 사이드바 영역에
다양한 위젯을 추가할 수 있다. 기본 위젯으로는 최근 댓글, 최신
글, 검색, 태그 클라우드 등이 있다. 테마에 따라 위젯이 달라질 수
있고 플러그인을 통해 위젯을 추가할 수도 있다.

위젯 편집하기

TT1의 위젯은 블록 기능이 제공된다. 그래서 블록편집기를 이
용하여 글을 작성하는 것처럼 블록을 사용하여 위젯을 꾸밀 수 있
다.

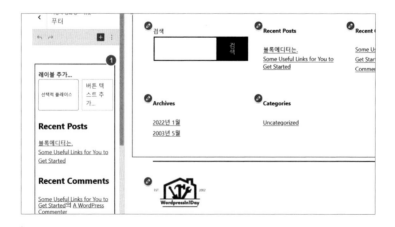

① 위젯 편집영역이다.
② 위젯 미리보기 영역이다.

　지금현재는 검색 위젯, 최신글(Recent Posts), 최근댓글(Recent Comments), 보관함(Archives), 카테고리(Categories) 위젯이 설정되어 있다. 위젯 편집영역은 드래그엔 드롭도 사용가능하다.

위젯에 블록 추가하는 법

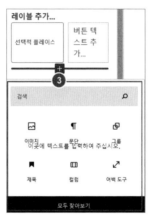

① 위젯 편집영역에 추가하려고하는 위치에 마우스를 이동한다.
② '+ 블록추가'가 생기면 클릭한다.
③ 검색 기능을 사용하여 원하는 블록을 찾거나 모두 찾아보기를 선택하여 원하는 블록을 추가한다.

위젯에 블록 이동하는 법

① 이동하려고하는 영역을 클릭한다.

② 끌기 버튼 클릭하고 원하는 위치로 이동한다.

③ 이동 버튼의 화살표를 클릭하여 원하는 위치로 이동한다.

위젯 블록 편집하기

① 편집하려는 위젯을 클릭한다.

② 편집한다.

위젯 블록 스타일 편집하기

① 편집하려는 위젯을 클릭한다.

② 더보기 클릭한다.

③ 사이드바 설정 보이기를 클릭한다.

④ 색상 서체 등을 변경한다.

⑤ 변경이 완료되었다면 뒤로가기 화살표를 클릭한다.

위젯은 블록을 통해 추가할 수 있기 때문에 다양한 위젯을 추가하거나 삭제할 수 있다.

사이트의 시작페이지(홈페이지)에 표시될 것을 선택할 수 있다. 블로그처럼 최신 글이 표시되도록 하거나 고정페이지를 만든 후 페이지를 고정할 수도 있다. 홈페이지라면 '정적인 페이지' 설정을 해야 한다. 정적인 페이지는 시작페이지 선택과 글페이지(포스팅 블로그)를 선택해야 한다.

홈페이지 선택하기

① 홈페이지 표시에서 정적인 페이지를 클릭한다.

② '홈페이지 - 선택'을 클릭한다.

③ 시작페이지로 사용할 페이지를 선택한다.

글페이지 선택하기

'글페이지'는 작성된 글(post)을 표시해 준다. 보통 blog라는 제목으로 페이지를 만든다.

① 새 페이지 추가를 클릭한다.

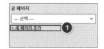

② 타이틀에 'blog' 라고 입력한다.
③ 추가를 클릭한다.

④ blog 페이지가 만들어지고 글페이지에 blog페이지가 선택되었다.

⑤ 선택이 완료되었다면 공개버튼을 클릭하여 완료한다.

• 요약 설정 패널 설정하기

홈페이지 설정에 '최신글'로 선택된 경우 시작 페이지의 글 또는
글페이지 선택된 페이지의 '요약설정'을 설정할 수 있다.

요약 선택된 경우

글의 일부만 보이
고 글을 선택해야만
전체의 글을 볼 수 있

다.

전체 텍스트가 선택된 경우

본문 전부를 다
볼 수 있다.

추가정보

블로그 1개의 페
이지 안에서 보여지
는 글의 갯수는 '관
리자 ⇨ 설정 ⇨ 읽
기 ⇨ 페이지당 보여

줄 글의 수'에서 수정할 수 있다. 기본값은 10개로 설정되어 있다.

● 추가CSS 설정하기

CSS(Cascading Style Sheets)란 웹페이지에 웹 문서에 스타일(예: 글꼴, 색상, 간격)을 추가하기 위한 언어다. 블록에디터를 통해 스타일을 변경했지만 부족한 경우 CSS를 추가하여 원하는 스타일을 반영할 수 있다. CSS의 기초는 비교적 배우기 쉽지만, 원하는 것을 제어하기 위해서는 학습곡선이 높은 편이다. CSS를 직접 지정하기보단 테마변경이나 플러그인 통해 스타일을 수정하는 게 편리하다.

CSS공식 웹사이트는 "https://www.w3.org/Style/CSS/"이다.

CSS 맛보기로 DIV태그에 보더1을 추가해보겠다.

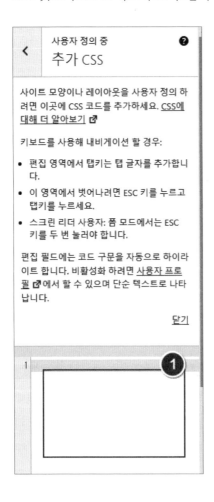

CSS편집하기

1.CSS 편집장에 아래 코드를 추가한다.

div {border: 1px solid red;}

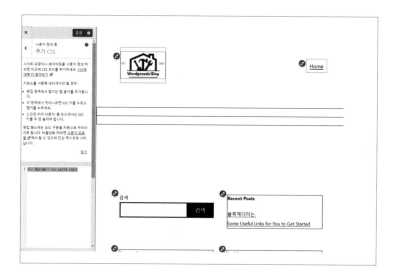

DIV에 테두리 1px 표시한다는 내용이다. CSS편집장에 추가하면 미리보기에 반영된다.

CSS 삭제

편집 창에서 작성된 CSS를 삭제하면 삭제된다.

테마에 대해서 알아보았다. 다음은 메뉴 관리에 대해서 알아보려고 한다.

❍ 메뉴 만들고 관리하기

사용자 정의 메뉴는 외모에 별도의 '메뉴' 페이지로 분리되어 있다.

(관리자 ⋯⋯ 외모 ⋯⋯ 메뉴)

메뉴 페이지에서는 메뉴를 만들기, 메뉴 항목을 추가하기, 삭제하기, 단계별 메뉴 만들기, 사이트에 메뉴 추가 하기, 메뉴 항목 구성 변경하기를 할 수 있다.

❍ 테마 수정 시 주의사항

홈페이지 만들기 초기에는 상관없지만 어려움이 없지만, 유지보수하고 시간이 지나면서 워드프레스의 버전, php 버전, 서버 버전이 달라지면서 테마를 변경할 때 예상치 못한 에러가 발생할 수 있다. 사용 중인 워드프레스 버전이 5.0인데 설치한 테마는 5.0을 지원하지 않는 경우는 에러가 발생한다. 그리고 오래된 워드프레스인 경우 4.X에서 6.2로 업데이트할 때는 php 버전에 의해서 워드프레스 버전을 올리는 과정에서도 에러가 발생할 수 있다.

그래서 최대한 신중한 업데이트와 변경이 필요하다. 워드프레스를 운영하는데 시간이 지난 경우에는 백업을 꼭 하고 테마를 변

경하거나 업데이트해야 한다. 백업하는 방법과 스테이징에 대한
기능은 뒤에서 학습하도록 하겠다.

메뉴

웹사이트에서 메뉴는 빠질 수 없는 요소 중 하나다. 메뉴는 사용자들이 웹사이트를 쉽게 탐색하고 필요한 정보에 빠르게 접근할 수 있도록 도와준다. 메뉴편집은 10번 강조해도 모자란, 진짜 진짜 너무 중요한 스킬이다.

워드프레스는 페이지로 작성된 콘텐츠 링크, 글로 작성된 콘텐츠, 카테고리, 사용자 정의 링크 등을 통해 다른 사이트 URL과 같은 다양한 항목을 추가하고 계층구조의 메뉴를 만들 수 있다. 테마에 따라서 상단이나 하단에 배치 할 수 있다. 여러 개의 메뉴가 생성될 수 있고, 생성된 메뉴는 사용자가 선택해서 원하는 위치에 배치할 수도 있다.

○ 메뉴 화면 안내

'메뉴' 화면은 메뉴를 관리할 수 있는 기능을 제공한다. 신규 메뉴를 생성하고 수정 및 삭제할 수 있다. 테마에 따라 메뉴 편집 화면은 조금씩 다르지만 기본 개념을 이해하고 있다면 응용하여 다양한 구조의 메뉴를 만들 수 있다.

메뉴는 외모 ⇨ 메뉴를 통해 접근할 수 있다.

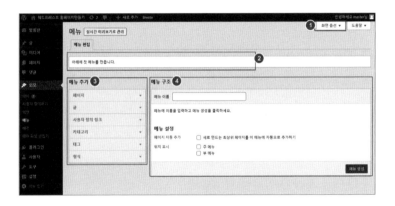

1. 화면옵션

메뉴 추가에 필요한 요소를 선택하여 표시하거나 숨길 수 있다.

일반적으로 페이지, 글, 사용자 정의 링크, 카테고리 정도가 자주 사용되는 메뉴 요소이다.

2. 편집 메뉴 선택 창

메뉴가 2개 이상인 경우 원하는 메뉴를 선택할 수 있다. 메뉴가

하나도 없는 경우 '메뉴 구조'에서 바로 만들 수 있다. 선택된 메뉴
는 '메뉴구조'에서 편집할 수 있다.

3. 메뉴 요소 추가

메뉴구조에 추가할 요소를 선택 하여 추가할 수 있다.

4. 메뉴 구조

메뉴 이름을 정의하고, 추가한 메뉴 아이템의 구조를 변경할 수
있다.

⊙ 메뉴 만들기

메뉴는 여러 개 만들 수 있다. 원하는 메뉴만 선택해서 배치할
수 있다.

1. 메뉴 이름에 이름을 작성한다.
2. '메뉴 생성'을 클릭한다.

○ 메뉴 요소 추가하기

왼쪽의 '메뉴 추가'에서 추가하고 싶은 메뉴를 선택하여 추가할 수 있다. 페이지, 글, 사용자 정의 링크 모두 메뉴로 만들 수 있다. 사용자 정의 링크는 다른 사이트 URL을 추가할 때 사용한다.

◦ 1. 화면옵션에서 필요한 요소를 표시한다.

페이지, 글, 사용자 정의 링크, 카테고리를 선택하면 아래와 같은 요소가 추가된다.

◦ 2. 메뉴 추가 하기

① 페이지, 글, 카테고리의 요소

탭을 이용하여 가장 최근 순, 모두보기, 가장 많이 사용됨, 검색 등을 이용하여 쉽게 원하는 메뉴 항목을 찾을 수 있도록 도와주고 있다.

최근 순 탭은 가장 최신에 작성된 항목을 보여주고, 모두 보기 탭은 모든 항목을 한눈에 볼 수 있도록 제공한다. 검색 기능을 통해 특정 키워드나 주제와 관련된 항목을 검색할 수도 있다.

페이지 모두보기를 선택한 후 'Home', '회사소개', '연혁', '서비스', '블로그', '오시는길'을 선택 후 메뉴 추가 버튼을 클릭한다.

② 사용자 정의 링크 요소는 다른 사이트 URL을 추가할 수 있다.

사용자 정의 링크는 방문자가 전화를 바로 통화하거나 카카오톡으로 연락하는 링크(다른 사이트URL)를 만들고 싶을 때 사용할 수 있다.

-전화 걸기 :

276

전화링크를 이용하면 바로 스마트폰에서 링크를 클릭 시 스마트폰에 자동으로 전화번호가 입력된다.

URL에는 "tel:114" (또는 원하는 전화번호)
링크텍스트에는 "전화바로걸기"라고 작성하고 '메뉴에 추가'를 클릭한다.

-다른 사이트 URL
카카오톡채널, 카카오톡 오픈 채팅방 등의 URL을 사용할 수 있다.

URL에는 https://www.naver.com/ (또는 원하는 링크)
링크텍스트에는 "네이버"라고 작성하고 '메뉴에 추가'를 클릭한다.

○ 메뉴 구조 순서 변경하기

추가된 메뉴의 구조를 순서를 변경하거나 계층화할 수 있다.

• 계층화하기

메인 메뉴에 하위 메뉴로 정리하려고 할 때 사용한다. 회사 소개에 연혁을 하위 메뉴로 변경해 보겠다. 마우스를 드래그 하여 계층화하는 방법이 가장 간편하다.

① 이동하고자 하는 메뉴를 클릭 후 원하는 위치에 드래그 하면 된다.

② 아래와 같이 서브 아이템으로 표시가 되고 하위 메뉴로 지정되었다.

추가된 메뉴의 순서를 변경하려고 할 때 사용할 수 있다. 마우스를 드래그 하여 순서를 변경하는 방법이 가장 간편하다.

① 이동하고자 하는 메뉴를 클릭 후 원하는 위치에 드래그 하면 된다.

② 아래와 같이 순서가 변경되었다.

생성된 메뉴를 삭제할 수 있다.

① 삭제를 원하는 메뉴의 오른쪽 화살표를 클릭한다.

② '제거'를 클릭한다.

• 메뉴 저장하기

모든 메뉴 편집이 완료되었다면 메뉴를 저장해야 한다.

1. '메뉴저장' 버튼을 클릭한다.

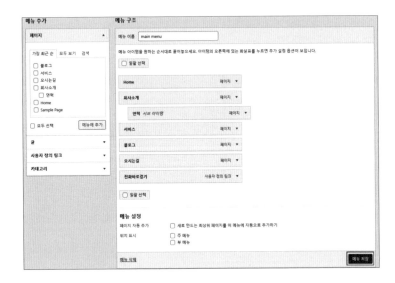

○ 메뉴 배치하기

메뉴를 만들었다면 배치해야 한다. 배치할 수 있는 위치는 테마마다 다르다. 메뉴를 배치하는 방법에는 3가지가 있는데, 1가지만 알아도 충분하다. 각 방법에 대해서 알아보자.

• 메뉴 설정에서 메뉴 배치하기

1. 메뉴 설정 부분에서 원하는 위치 표시에 체크한다.
2. '메뉴저장'을 클릭한다.

• 메뉴 위치관리에서 배치하기

생성된 메뉴가 있다면 '외모 ⇨ 메뉴'에 '위치관리' 탭이 생성된다. 현재 선택된 테마는 주메뉴, 부메뉴 위치에 메뉴를 선택할 수 있다.

① 생성된 메뉴에서 사용할 메뉴를 선택한다.
② '변경사항 저장'을 클릭한다.

• 테마 사용자 정의하기에서 배치하기

외모 ⇨ 사용자 정의하기 메뉴에서도 메뉴를 배치할 수 있다.
사용자 정의하기에서 메뉴 배치는 메뉴를 실시간으로 미리 보기
로 관리할 수 있어 반영된 메뉴를 확인 할 수 있다.

① 생성된 메뉴를 클릭한다.

② 주 메뉴에 체크한다.

③ 반영된 메뉴를 확인한다.

④ 공개 버튼을 클릭한다.

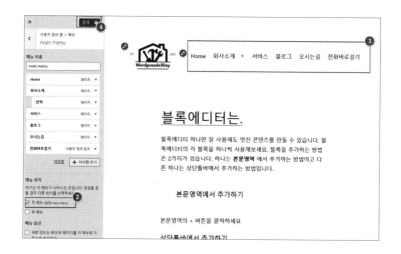

사용자 정의하기에서는 메뉴를 실시간으로 확인할 수 있고, 메뉴의 텍스트 수정, 불필요한 메뉴인 경우 삭제하거나 메뉴 아이템을 추가할 수 있다.

메뉴에 대해서 A부터 Z까지 알아봤다. 워드프레스에서 메뉴를 잘 구성하는 것은 중요하다. 새로운 페이지가 등록되거나 메뉴 이름이 변경되거나 할 때도 직접 할 수 있다.

5장

홈페이지 제작하기 응용

(플러그인 100% 활용)

플러그인
개념과 종류

　워드프레스 플러그인은 웹사이트의 기능을 확장하고 향상시키는 데 사용된다. 검색엔진 최적화(SEO)를 도와주는 플러그인, 속도 향상을 위한 플러그인(캐싱), 문서를 좀 더 쉽게 만들어 주는 플러그인(페이지빌더), 게시판 플러그인 등 원하는 기능 대부분 플러그인을 통해 추가할 수 있다. 공식적으로 등록된 플러그인은 6만 개가 넘게 있다. 'cosmosfarm.com'처럼 개별 플러그인을 개발하여 배포하는 곳도 있기 때문에 사용 가능한 플러그인은 더 많이 있다.

◯ 플러그인 관리

▶ 플러그인 화면

　'플러그인' 화면은 플러그인을 관리할 수 있는 기능을 제공한다. 설치된 플러그인을 업데이트하거나 삭제하고 새로운 플러그인을 추가할 수 있다.

① 일괄작업으로 처리할 플러그인을 '선택' 한다.

일괄작업 가능한 기능 설정으로는 '활성화', '비활성화', '업데이트', '삭제', '자동 업데이트 활성화', '자동 업데이트 비활성화'가 있다.

활성화 : 설치된 플러그인이라도 활성화가 안 되어 있다면 작동되지 않는다.

비활성화 : 활성화된 플러그인이 필요 없는 경우 비활성화 할 수 있다.

업데이트 : 플러그인은 주기적으로 업데이트가 진행되고 있다. 선택적으로 필요한 경우에만 업데이트를 진행할 수 있다.

삭제 : 비활성화된 상태의 플러그인만 삭제 가능하다 .

자동 업데이트 활성화 : 플러그인의 업데이트가 있을 때 자동으로 업데이트가 된다.

자동 업데이트 비활성화 : 플러그인의 업데이트가 있더라도 업데이트를 진행하지 않는다.

② 활성화와 비활성화 : 플러그인을 설치 후 활성화를 진행해야 해당 플러그인을 사용할 수 있다. 비활성화 상태일 때 '활성화'를 할 수 있다.

③ 삭제 : 비활성화 상태인 플러그인은 삭제할 수 있다. 사용하지 않는 플러그인은 삭제하도록 하자.

④ 플러그인의 간단한 설명과 제작한 웹사이트, 상세보기를 확인할 수 있다. 상세보기에서는 해당 플러그인의 상세한 설명, 설치 방법, 업데이트 기록, 리뷰를 확인할 수 있다. 플러그인에 대한 자세한 설명과 사용방법이 궁금하면 해당 플러그인 웹사이트를 방문하자.

⑤ 자동 업데이트 비활성화 : '자동 업데이트 비활성화'를 클릭하면 '자동 업데이트 활성화' 상태로 토글 된다. 비활성화를 하는 이유는 몇 가지가 있다. 하나는 워드프레스 버전과 호환성의 문제로 충돌이 발생할 수 있다. 플러그인이 업데이트 될 때 기능이 변

경되거나 삭제되기도 한다. 플러그인의 기능 수정이 필요 없는 경우라면 기능을 비활성화 할 수 있다. 업데이트 하기 전 상세 설명과 업데이트 내용을 미리 확인할 수 있다.

• 기본 플러그인 목록

클라우드웨이즈를 통해 워드프레스를 자동설치했다면 4개의 플러그인이 설치된다. Akismet Anti-Spam, Bot Protection, Breeze, 안녕 달리

Akismet Anti-Spam : 아키스밋은 스팸을 체크하는 기능을 제공하는 플러그인이다. 하지만 상업적인 용도로 사용하거나 애드센스와 같은 이용한 수익 활동을 하고 있다면 무료로 사용할 수 없다. 바로 삭제하자

Bot Protection : 클라우드 웨이즈의 기본 설치되는 플러그인으로, 보안을 강화하는 플러그인이다.

Breeze : 클라우드 웨이즈의 기본 설치되는 플러그인으로, 웹사이트 속도를 향상시킬 수 있는 캐시 플러그인이다.

안녕 달리 : 설명에는 단순한 플러그인이 아니라고 되어 있지만 사실 그냥 단순한 플러그인이다. 노래 가사를 보여주는 플러그인이다.

기본 플러그인에서 삭제해도 되는 플러그인은 'Akismet Anti-Spam, 안녕 달리'이다.

• 플러그인 삭제하기

필요 없는 플러그인을 삭제해 보자

① 플러그인이 비활성화 상태라면 '삭제' 버튼을 확인할 수 있다. 비활성화 상태가 아니라면 비활성화시킨다.

② '삭제'를 클릭한다.

③ 확인을 클릭한다.

④ 삭제완료

안녕 달리를(를) 성공적으로 지웠습니다.

'안녕 달리'를 삭제했다면 'Akismet Anti-Spam'도 삭제하도록 하자.

• 플러그인 설치하기

플러그인을 설치할 때는 워드프레스 공식 플러그인 저장소 또는 신뢰할 수 있는 사이트에서 다운로드 받아서 설치해야 한다. 가능한 최신 버전을 설치해야 한다.

오래된 버전의 경우 보안에 취약한 점이 있을 수 있다. 플러그인은 테마나 다른 플러그인과 충돌이 생기는 경우가 있다. 다양한 플러그인을 설치하다 보면 사이트가 느려지거나 충돌이 발생할수 있다. 플러그인을 설치하거나 업데이트 할 때마다 백업을 하는것도 중요하다. 클라우드웨이즈에서 워드프레스를 설치했다면 자동으로 백업 되기 때문에 복원하는 데 큰 어려움은 없다.

'새로 추가'를 클릭해서 플러그인을 자동 설치할 수 있다.

플러그인 추가 화면으로 이동되고 검색하여 자동설치하거나 '플러그인 업로드'를 클릭하여 수동 설치할 수 있다.

'플러그인 추가' 화면에서 원하는 플러그인을 검색 후 '지금 설치' 버튼만 클릭하면 플러그인이 설치된다. 상단에서 인기, 추천 플러그인을 볼 수 있다.

플러그인 자동설치 1

플러그인은 검색 후 '지금설치' 버튼을 클릭하면 설치를 끝낼 수 있다. 플러그인을

설치하기 전에 '플러그인 추가' 화면에 대해서 이해를 하면 다른 플러그인 설치와 업데이트도 이해하는 데 도움이 된다.

① 키워드 검색 : 설치하려고하는 플러그인을 검색할 수 있다. "Slimstat"를 검색했다.

② 지금 설치 : 버튼을 클릭하면 자동 설치가 된다.

③ 더 많은 상세 : 해당 플러그인의 상세 정보를 볼 수 있다.

④ 작성자 : 플러그인 배포한 곳의 홈페이지로 이동된다.

⑤ 플러그인 별점 : 사용자들의 평균 별점이 표시된다. 자세한 리뷰는 '더 많은 상세'의 리뷰에서 확인할 수 있다.

⑥ 설치한 사용자 수 : 해당 플러그인을 설치한 사용자들을 보여주고 있다.

⑦ 최근 업데이트 일 : 최종 업데이트 일을 확인할 수 있다.

⑧ 호환성 체크가 되어 있는 경우 안심하고 업데이트 하거나 설

치할 수 있다.

플러그인 설치 2 (업로드 하기)

자동 설치하여 플러그인을 설치할 수 있지만 플러그인을 zip 으로 제공하는 경우도 있다.

1. 플러그인 업로드를 클릭한다.

2. 설치할 플러그인을 선택한다.

3. '지금설치' 버튼을 클릭한다.

4. 설치가 완료되면 '플러그인 활성화' 또는 '플러그인 설치로 가기'를 클릭한다.

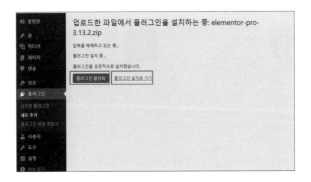

플러그인 자동설치와 수동설치에 대해서 알아봤다. 워드프레스에서 플러그인은 막강한 도구다. 쇼핑몰, 게시판, LMS 등의 기능도 플러그인 설치하여 해결할 수 있다.

• 플러그인 업데이트하기

설치한 플러그인의 새로운 버전이 배포된 경우 업데이트가 있다고 알려준다.

관리자 메뉴의 '업데이트' 메뉴와 '플러그인' 메뉴에 숫자가 표시되어 있다. 업데이트를 클릭하면 다음과 같은 화면이 뜬다.

업데이트 화면

업데이트 화면이다. 워드프레스의 업데이트가 필요한 항목을 모두 확인할 수 있다. 워드프레스 코어, 플러그인, 테마, 번역에 대한 업데이트 내역을 보여준다. 업데이트가 필요한 경우 항목을 체크하여 업데이트를 진행할 수 있다.

플러그인 화면 업데이트

1. 업데이트가 필요한 항목에서 '지금 업데이트'를 클릭하면 한다.

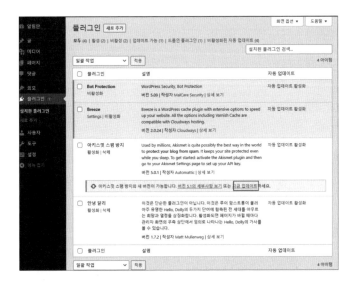

2. 업데이트 중

3. 업데이트 완료

클릭 한 번으로 플러그인 업데이트가 완료되었다.

◯ 플러그인의 종류

다양한 플러그인이 있다. 가능하면 꼭 필요한 플러그인을 최소로 설치하고 관리하는 게 좋다. 중복된 기능이라면 한 가지만 설치해도 충분하다. 웹사이트 운영에 필요한 플러그인 종류와 기능에 대해서 확인해 보자.

보안플러그인, SEO 플러그인, 캐시 플러그인, 게시판 플러그인, 이미지 슬라이더 플러그인, 이커머스 플러그인, 페이지 빌더 플러그인, 통계 플러그인, 백업 플러그인, 공유 플러그인 등 너무 많은 플러그인의 종류가 있다. 몇 가지 플러그인에 대해서 살펴 보자.

• 보안플러그인

웹사이트를 운영하다 보면 해킹프로그램에 의해 공격을 받을 때가 있다. 보안플러그인을 설치하고 활용하는 것만으로 워드프레스의 보안은 올라간다. 방화벽 설정, 실시간 모니터링, 악성코드 탐지, DDos 공격, 방어를 할 수 있다. 인기 있는 플러그인으로는 Wordfence, Sucuri,ithemes 같은 보안 플러그인이 있다.

워드프레스에는 SEO(검색엔진최적화)에 도움을 주는 다양한 플러 그인이 있다. 플러그인의 목표는 웹사이트에 작성된 콘텐츠를 보기 좋게 만들고 나아가 검색엔진(구글,네이버 등)에서 높은 순위에 표시 될 수 있도록 도와준다.

SEO 플러그인

대표적으로 Yoast SEO 플러그인, Rank Math 플러그인, AIO SEO 플러그인 등이 있다. SEO 플러그인을 사용하면 onpage seo 의 체크리스트를 이용하여 쉽게 확인하고 콘텐츠를 작성할 수 있도록 도와준다.

300

캐시(Cache) 플러그인

웹사이트를 운영하다 보면 웹사이트의 속도와 최적화에 대해서 고민한다. 실제로 웹사이트가 느리면 사용자들이 이탈한다. 속도는 SEO에 영향을 미치기도 한다. 이를 해결하기 위해선 캐시 플러그인을 사용할 수 있다. 캐시플러그인은 작성된 콘텐츠를 수정하지 않고 설정만으로도 속도를 개선할 수 있다. 최적화와 속도는 구글의 라이트하우스(Lighthouse) 등을 이용하면 쉽게 확인할 수 있다. 대표적인 캐시 플러그인으로는 WP Rocket, LiteSpeed Cache, Breeze 등이 있다.

이미지 압축

캐시 플러그인에서 이미지 압축을 진행하기도 하지만 별도의 이미지 압축 플러그인을 설치할 수 있다. 이미지 플러그인은 이미지 파일의 크기를 줄여 로딩 속도를 개선시킬 수 있다.

대표적인 이미지 압축 플러그인으로는 Smush, Imagify 등이 있다.

• 디자인 플러그인

페이지빌더 플러그인

페이지빌더를 사용하면 페이지나 포스를 쉽게 디자인 하고 구축 할 수 있다. 페이지 빌더를 사용 하기만 해도 다양한 유형의 웹페이지를 만들 수 있다. 페이지 빌더는 드래그앤 드롭 방식으로 웹페이지를 만들 수 있다. 대표적인 페이지 빌더로는 Elementor, Divi, Visual Composer 등이 있다. Elementor 의 경우 Elementor의 사용을 도와주거나 확장해주는 플러그인을 별도로 추가 설치 할 수 있다.

이미지 슬라이더 플러그인

이미지슬라이더는 웹페이지에 이미지를 슬라이드 형식으로 보여주는 플러그인 이다. 웹사이트에 다양한 슬라이더 스타일과 효과를 적용할 수 있습니다. 대표적인 슬라이더로는 metaslider, Smart Slider, Depicter 가 있다.

• 통계플러그인

웹 사이트의 트래픽과 방문자에 대한 통계를 제공하는 플러그인이다. 웹사이트의 총 방문자 수, 고유 방문자 수, 페이지 뷰 수, 방문 시간, 트래픽 소스(유입) 등을 확인할 수 있다. 많이 사용하는 인기 플러그인으로는 Slimstat, jetpack이 있다.

• 이커머스 플러그인

워드프레스에 이커머스 플러그인을 설치하면 온라인 상점기능이 추가된다. 워드프레스 이커머스 플러그인을 사용하면 상품을 등록할 수 있고, 장바구니 기능이 추가된다. 가장 유명한 플러그인으로는 woocommerce, Easy Digital Download 정도가 있다.

• 게시판 플러그인

게시판 플러그인을 사용하면 워드프레스의 커뮤니티에서 사용하는 게시판을 쉽게 만들 수 있다. 유명한 플러그인으로는 bbPress가 있다. 한국에서 만든 플러그인으로는 'https://www.mangboard.com/'의 망보드, 코스모스팜(https://www.cosmosfarm.com/)의 'Kboard'가 있다.

• 백업 플러그인

워드프레스 파일과 데이터를 백업하는 플러그인이다. 백업 플러그인을 사용하여 워드프레스 이전도 가능하다. 대표적인 백업 플러그인으로는 UpdraftPlus, BackWpup 업이 있다. 이런 플러그인을 사용하면 워드프레스의 모든 파일과 데이터를 비교적 쉽게 백업하고 필요한 경우 복원할 수 있다.

• 기타 플러그인

이외에도 다양한 플러그인이 있다.

Filemanager

파일 매니저를 사용하면 워드프레스 관리자에서 서버에 등록된 워드프레스 폴더의 파일을 관리할 수 있다. 복잡한 FTP 클라이언트를 사용하지 않고 삭제, 업로드, 다운로드를 할 수 있다.

심플 팝업

코스모스팜에서 만든 심플팝업 플러그인을 이용하면 팝업을 쉽고 간단하게 만들 수 있다. 코스모스팜에는 다양한 유료와 무료 플러그인이 제공된다. 코스모스팜 로그인 후 쿠폰을 입력하시면 유료 플러그인을 모두 이용할 수 있는 개인 라이센스를 3개월 동안 적용받을 수 있다.

www.cosmosfarm.com > 스토어 > 쿠폰등록
URL : https://www.cosmosfarm.com/wpstore/coupon
쿠폰 코드 : raon3m

3개월 동안 코스모스팜 회원관리, KBoard 스킨 그리고 플러그인을 모두 사용하실 수 있다.

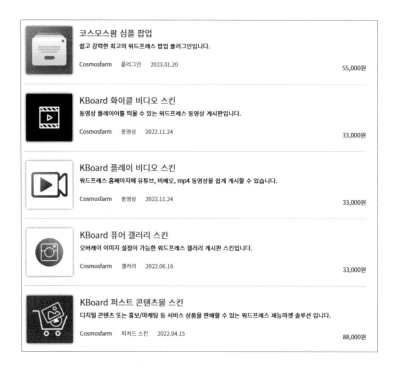

코스모스팜 심플 팝업	
쉽고 강력한 최고의 워드프레스 팝업 플러그인입니다.	
Cosmosfarm　플러그인　2023.01.20	55,000원

KBoard 화이클 비디오 스킨	
동영상 플레이어를 띄울 수 있는 워드프레스 동영상 게시판입니다.	
Cosmosfarm　동영상　2022.11.24	33,000원

KBoard 플레이 비디오 스킨	
워드프레스 홈페이지에 유튜브, 비메오, mp4 동영상을 쉽게 게시할 수 있습니다.	
Cosmosfarm　동영상　2022.11.24	33,000원

KBoard 퓨어 갤러리 스킨	
오버레이 이미지 설정이 가능한 워드프레스 갤러리 게시판 스킨입니다.	
Cosmosfarm　갤러리　2022.06.16	33,000원

KBoard 퍼스트 콘텐츠몰 스킨	
디지털 콘텐츠 또는 홍보/마케팅 등 서비스 상품을 판매할 수 있는 워드프레스 재능마켓 솔루션 입니다.	
Cosmosfarm　피처드 스킨　2022.04.15	88,000원

Ad Insert

광고 삽입을 위한 플러그인이다. 배너를 만들어서 페이지나 포스트 등에 일괄적으로 광고를 추가할 수 있다. 애드센스의 광고 추가도 Ad Insert를 통해 가능하다.

Cloudways WordPress Migrator

운영 중인 워드프레스를 클라우드웨이즈 서버로 이전할 때 사용할 수 있다.

IndexNow

신규 콘텐츠가 생성되거나 수정되었을 경우 검색엔진에 알리는 검색엔진 전용 플러그인이다.

Google XML sitemaps

SEO 플러그인에도 내장된 사이트맵 생성기능이 있지만 별도의 sitemap을 원하는 경우에 사용할 수 있다. 사이트맵은 구글 서치 콘솔과 네이버 서치어드바이저에 제출할 수 있다.

플러그인
엘리멘터(Elementor)

Elementor는 웹페이지를 코딩 없이 디자인하고 만들 수 있는 플러그인이다. 단 한 줄의 코드도 작성하지 않고도 모든 부분을 완벽하게 제어하여 웹사이트를 빠르게 생성할 수 있다.

다양한 디바이스에 잘 보이도록 반응형 디자인까지 간단히 적용할 수 있다. 엘리멘터는 웹디자인 웹코딩을 배우지 않고 웹사이트를 만들기 위한 페이지 빌더 플러그인이다.

엘리멘터 사용 방법을 알아보자.

○ 엘리멘터 설치하기

당연히 엘리멘터를 설치해야한다.

활성화를 클릭하면 elementor 계정 연결이 나오는데 'x' 버튼을
눌러서 닫거나 '건너뛰기'로 넘어가도 된다.

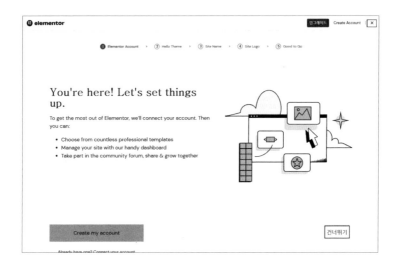

○ 엘리멘터가 만든 테마 설치하기 Hello Elementor

엘리멘터 플러그인은 테마가 없다면 작동되지 않는다. 엘리멘터를 위해 만들어진 테마는 바로 'Hello Elementor'라는 테마다. Hello Elementor 테마를 설치하고 활성화한다.

Hello 테마는 클래식 테마이면서 엘리멘터를 위해 만들어진 테마다. 웹 사이트의 모든 부분을 제어하고 사용자를 지정할 수 있는 테마이다.

hello 테마는 '사용자 정의하기' 부분도 매우 간단하다.

특징이라면 다른 설정(사이트설정)은 엘리멘터를 이용해야 한다.

설정의 왼쪽은 사이트 설정 패널이고 오른쪽은 미리보기 화면이다. Header와 Footer까지 완벽하게 편집하고 적용할 수 있다.

○ 엘리멘터 이용하기

엘리멘터 플러그인을 설치했다면 별도의 설정 없이 글과 페이지에서 엘리멘터를 이용할 수 있다.

• 콘텐츠에서 '엘리멘터 편집' 클릭하기

페이지나 글에서 '엘리멘터 편집'을 클릭하면 엘리멘터 편집 창으로 이동된다.

　페이지 글을 엘리멘터를 이용해 편집한 적이 있다면 목록의 제
목에 '-엘리멘터'라고 표시되고 '엘리멘터로 편집'을 클릭하여 엘리
멘터를 이용할 수 있다.

○ 엘리멘터 편집창 화면구성

엘리멘터를 사용하기 전에 엘리멘터 편집 창에 대해서 잘 이해 하는 게 중요하다. 너무 어렵지 않으니 한 단계씩 알아보고, 자신의 무기를 만들어 보자. 크게 왼쪽의 패널과 오른쪽의 편집영역으로 구성된다.

• 메뉴 영역

메뉴영역에서 자주 사용하는 버튼은 벤토 메뉴(⸬) 이다.

햄버거메뉴 버튼(≡) : 설정메뉴로 이동 한다. 설정에서는 사이트 설정과 패널의 색상(다크모드) 등을 설정하거나 저장되기 전, 편집 이전 화면 페이지를 볼 수 있다. 출구를 클릭하면 엘리멘터를

312

종료할 수 있다.

벤토메뉴 (▦) : 엘리멘터 위젯을 선택할 수 있는 패널로 이동된다.

• 엘리멘트 위젯 패널

엘리멘터 편집 중에 벤토 메뉴를 클릭하면 엘리멘트 위젯을 선택할 수 있는 엘리멘트 패널이 표시된다. 패널의 엘리멘트를 선택하여 편집영역에 드래그 엔 드롭하여 추가할 수 있다.

사용할 수 있는 엘리멘트로는 기초, 프로, 일반, 사이트가 있다. 프로 위젯의 경우 엘리멘터 프로 버전으로, 업그레이드 하면 사용할 수 있다. 사용가능한 위젯은 설치한 엘리멘터 애드온 플러그인에 따라 추가된다.

• 하단 툴바

설정, 내비게이터, 역사, 응답모드, 변경사항 미리보기, 게시 또는 업데이트 버튼이 있다.

하단 툴바는 시작하기 전에 페이지를 설정하고 미리보기 하거나 변경된 사항을 저장할 때 사용한다.

엘리멘터를 이용한 편집을 처음 했다면 '게시' 버튼이 활성화되고, 수정 중이었다면 '업데이트' 버튼이 활성화된다.

설정 (페이지 설정)

페이지 설정은 페이지를 초기에 설정할 때 사용된다.

설정, 스타일, 고급 탭에서 페이지를 설정할 수 있다.

설정 탭

편집 중인 페이지의 발행 상태(임시글, 검토 대기 중, 비공개, 발행함), 제목 숨기기 설정, 레이아웃을 변경할 수 있다.

페이지 레이아웃에 따라 레이아웃이 변한다.

기본 : 테마에서 설정한 헤더, 푸터, 사이드바가 포함된 기본 편집영역으로 편집할 때 사용.

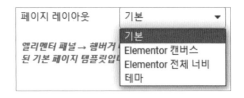

Elementor 캔버스 : 헤더, 푸터, 사이드바를 삭제하고 빈페이지로 편집할 때 사용.

Elementor 전체 너비 : 테마에서 설정한 헤더와 푸터는 남기고 사이드바를 삭제하고 편집할 때 사용.

페이지레이아웃에 따른 변화를 확인해보자.

기본 페이지 레이아웃 :

Elementor 캔버스 페이지 레이아웃 :

Elementor 엘리멘터 전체 너비 페이지 레이아웃 :

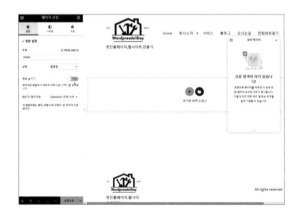

기본 페이지 레이아웃 설정은 [햄버거메뉴 ⇨ 사이트 설정 ⇨ 레이아웃 설정 ⇨ 기본 페이지 레이아웃]에서 설정할 수 있다.

스타일 탭

페이지의 여백(마진, 패딩)과 배경(이미지, 색상)을 지정할 수 있다.

고급 탭

사용자 정의 css를 정의 할 수 있다.

엘리멘터 프로 사용자만 CSS를 정의할 수 있다.

하단툴바 내비게이터

하단툴바의 내비게이터를 클릭하면 편집창의 내비게이터가 표시되거나 삭제된다.

내비게이터는 편집영역의 섹션이나 위젯을 선택하거나 이동할 때 사용된다.

〈내비게이터 활성화〉

〈내비게이터 비활성화〉

편지 영역을 넓게 보기 위해서 내비게이터를 비활성화 하고 좀 더 정확한 선택을 하기 위해서 다시 내비게이터를 활성화할 수 있다. 편집 과정에서 자주 사용하는 기능이다.

역사

실수로 편집을 잘못했을 경우 ctrl+z를 이용하거나 역사를 이용해 되돌릴 수 있다.

엘리멘터는 내가 어떤 일을 하고 있었는지 알고 있다. 덕분에 다시 되돌릴 수 있다.

응답모드

엘리멘터는 반응형 디자인을 지원한다. 응답모드를 클릭하면 다양한 디바이스의 화면 크기를 선택할 수 있는 상단 툴바가 표시된다. 반응형에 맞춰서 엘리멘트 요소를 편집할 수 있다.

데스크탑, 태블릿, 모바일 각각의 디바이스에 맞게 웹사이트의 레이아웃과, 텍스트 크기, 이미지 사이즈 등을 조절할 수 있다.

변경사항 미리보기

메뉴영역에 햄버거버튼의 '페이지보기'가 페이지가 편집 전의 '보기'였다면, '변경사항 미리보기'는 편집 후 변경된 사항을 저장하기 전에 미리 보는 기능이다.

게시 | 업데이트

엘리멘터의 편집이 끝났다면 결과를 저장하는 기능의 버튼이다.

저장 옵션

임시보관함에 저장 : 엘리멘터 편집 상태가 저장되며 최종 결과물에는 반영되지 않는다.

템플릿으로 저장 : 편집된 상태를 템플릿으로 저장할 수 있다. 저장된 템플릿은 내보내거나 재사용할 수 있다.

● 편집영역

엘리멘터 위젯을 이용하는 편집하는 엘리멘터의 메인 편집 영역이다. 편집영역에서는 웹사이트의 내용을 시각적으로 편집하고 구성할 수 있다. 위젯과 섹션을 추가하거나 삭제하고 내용을 수정할 수 있다. 추가할 수 있는 위젯으로는 이미지, 헤더, 텍스트, 동영상 버튼 등 위젯 패널에 있는 모든 것이 가능하다. 사용된 위젯은 원하는 디자인으로 수정할 수 있고 콘텐츠 내용 또한 편집할 수 있다.

편집영역에 위젯을 추가하는 방법으로는 ① 편집영역에 드래그하여 추가하기, ② +(새섹션)버튼으로 추가하기, ③ 폴더(템플릿) 버튼을 클릭하여 라이브러리로 추가하기가 있다.

드래그하여 추가하기

엘리멘트 위젯 영역에서 원하는 엘리멘트 위젯을 선택해서 '여기로 위젯 드래그'로 드래그 한다.

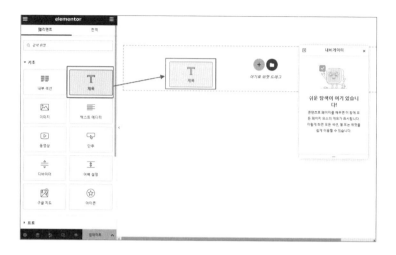

제목 위젯이 추가되었다. 제목이 추가되면서 3가지 영역에 변화가 발생한다.

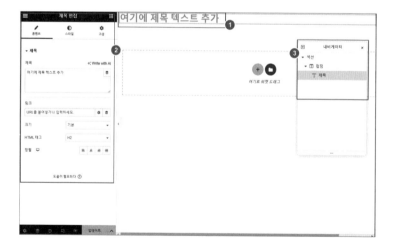

① 편집 창에 제목이 추가되었다. 엘리멘트 제목 위젯만 추가 하였지만 편집영역의 내비게이터에는 섹션, 컬럼, 제목이 추가되었다.

② 엘리멘트 위젯 영역 패널에서 선택한 위젯(제목편집)의 편집 패널 구성되었다. 편집 패널은 콘텐츠 탭, 스타일 탭, 고급탭으로 구분된다. 콘텐츠 탭에서는 콘텐츠의 내용(내용, 링크, 크기, 정렬)을, 스타일 탭에서는 스타일(색상, 서체등)을 수정을 할 수 있다. 고급 탭에서는 레이아웃, 모션 효과, 테두리, 반응형 설정 등을 별도의 코딩 없이 설정할 수 있다.

③ 내비게이터에 추가한 제목이 선택되었다. 추가한 엘리멘트 위젯의 위치를 알려주고 있다. 편집영역에 많은 항목이 추가되었을 때 내비게이터를 이용하면 편리하다. 내비게이터 영역에서 원하는 항목을 클릭(마우스 왼쪽버튼)하면 다른 항목(섹션, 위젯)을 선택할 수 있다. 선택할 때마다 왼쪽 패널은 해당 위젯의 편집 패널로 변경된다. 내비게이터에서 다른 항목을 선택한 후 마우스 오른쪽 버튼을 클릭하면 해당 항목을 제어(편집, 복제, 삭제 등)할 수 있는 메뉴가 활성화된다. 메뉴는 선택한 항목에 따라 조금씩 달라진다.

선택한 항목을 편집하고 복제, 복사, 붙이기, 삭제가 가능하다.

＋버튼(새 섹션 추가) 이용하기

+버튼을 이용하여 섹션에 컬럼의 구조를 정해서 추가할 수 있다.

① + 버튼 (새 섹션추가하기)를 클릭한다.

② 섹션의 구조를 선택한다.

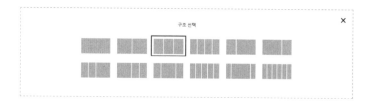

섹션 안에 3개의 컬럼이 추가되었다.

③ 추가된 컬럼에 원하는 엘리멘트를 드래그 하여 추가한다.

폴더버튼(템플릿 추가) **이용하기**
① 템플릿 추가를 클릭한다.

② 라이브러리에서 원하는 템플릿을 선택한 후 '삽입'을 클릭한
다.

블록 탭, 페이지 탭, 내 템플릿 탭에서 원하는 디자인을 결정한
후 편집영역에 추가할 수 있다.

③ 삽입된 라이브러리의 엘리멘트 항목을 선택하여 원하는 내
용 디자인으로 수정한다.

추가된 블록의 엘리먼트를 콘텐츠 스타일을 적용하여 원하는 스타일로 변경할 수 있다.

○ 엘리멘터를 좀 더 풍부하게, 애드온 플러그인

엘리먼터 플러그인의 기능을 확장하고 보완하는 추가 기능을 제공하는 플러그인이다. 엘리멘터에 더 많은 엘리멘트 위젯, 더 많은 템플릿 라이브러리를 추가할 수 있다. 애드온 플러그인 역시 굉장히 많이 있다. 몇 분만에 완벽한 디자인의 웹사이트를 만들 수 있다. 라이브러리에서 디자인을 입력하고 필요에 따라 수정하기만 하면 된다.

• 엘리멘터 애드온 플러그인 ElementsKit

플러그인 설치에서 ElementsKit Elementor addons를 설치해 보자

ElementsKit을 활성화하면 엘리멘터로 편집할 때 바로 사용 할 수 있다. 바로 엘리멘터로 편집을 해보자.

추가된 엘리멘트 위젯

기본위젯에 다양한 위젯이 추가되었다. 바로 사용할 수 있다.
엘리멘터의 프로 버전 만큼은 아니지만 다양한 위젯이다.

추가된 템플릿

편집영역에 폴더 버튼 뒤에 ElementsKit 템플릿을 추가할 수
있는 버튼이 생겼다.

클릭하면 ElementsKit 도구상자가 나온다.

ElementsKit 도구상자에서 탭들을 하나씩 보면 정말 많은 디
자인이 나온다.

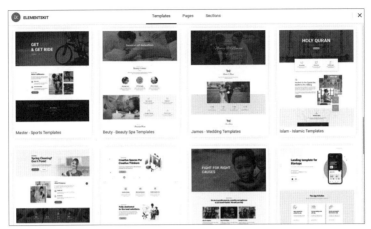

Templates Tab

Pages Tab

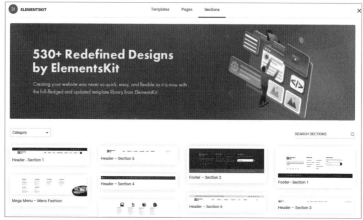

Sections Tab

　　원하는 디자인을 추가하고 편집영역에서 편집하면 나만의 웹사이트를 쉽게 만들 수 있다.

웹사이트 만들기

도메인, 워드프레스 만들기, 엘리멘터 플러그인 사용방법까지 웹사이트 만들기에 필요한 대부분을 학습했다. 템플릿을 이용한다면 멋진 홈페이지를 10분 만에 뚝딱 만들 수 있다. '엘리멘터'와 '스타터 템플릿' 플러그인을 이용한 웹사이트 만들기를 알아보자. 스타터 템플릿은 대부분의 모든 테마에서 사용할 수 있다.

◘ '스타터 템플릿' 플러그인 셋팅 하기

• 관리자 〉 플러그인

'스타터 템플릿' 플러그인을 설치하고 활성화한다.

• 관리자 〉 외모 〉 스타터 템플릿을 클릭한다.

템플릿이나 플러그인에 따라 다르게 보일 수 있다.

• Build Your Website Now를 클릭한다.

아래 화면은 스타터 템플릿을 설정한 적이 있다면 보이지 않을 수도 있다.

인기순으로 정렬된 템플릿 중 원하는 모양이 나오면 선택한다. PREMIUM이라고 붙어있는 템플릿은 유료 템플릿이지만, 무료 템플릿을 이용해도 충분히 멋진 웹사이트를 만들 수 있다. 'Outdoor Adventure' 템플릿을 선택했다. 'Outdoor Adventure' 템플릿이 프리미엄으로 변경되거나 사라지더라도 다른 테마를 선택할 수 있다. 'Outdoor Adventure' 테마가 아닌 다른 테마를 선택해도 된다.

• Outdoor Adventure 템플릿 선택완료

테마를 선택하였다면 바로 세팅하는 페이지가 나온다.

• 로고 수정

로고가 준비되어있는 경우 로고를 클릭하여 선택할 수 있다. 로고는 지금하지 않더라도 다음에 수정할 수 있다.

1. 로고가 있는 경우 'Upload File Here'를 클릭한다.

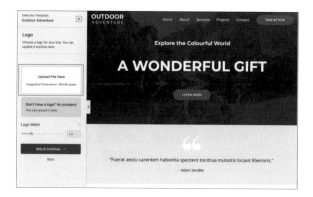

2. 이미지 선택 화면이 나오면 파일을 업로드하거나 선택한다.

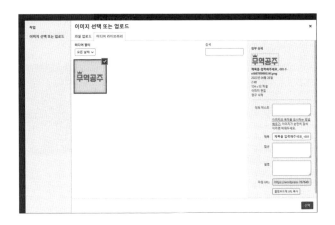

3. 로고 업로드 완료.
업로드한 로고가 반영되었다.

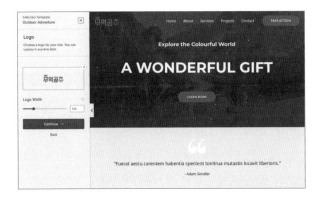

이미지 선택 완료(또는 선택하지 않고) 후 'Continue'를 클릭하여
다음을 진행한다.

사이트의 색상과 폰트를 선택할 수 있다. 색상과 폰트 역시 나중에 수정할 수 있다.

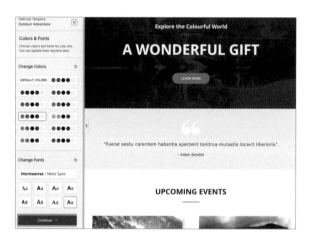

색과 폰트를 선택 완료(또는 선택하지 않고) 후 'Continue'를 클릭하여 다음을 진행한다.

마지막으로 아스트라 테마와 관련 플러그인을 선택하여 설치하는 옵션이 나온다. 마지막 'Share Non-Sensitive Data'만 체크를 해제한다. 체크를 할 경우 개발자에게 php 버전, 워드프레스 버전 같은 정보가 공유될 수 있다. 체크를 하더라도 '관리자 ⇨ 설정 ⇨ 사용량 추적'에서 설정을 해제할 수 있다. 다른 테마를 사용하고 있다면 아스트라 테마 설치가 체크되어 있어 자동으로 아스트라 테마가 설치된다.

'Submit & Build My Website'를 클릭한다.

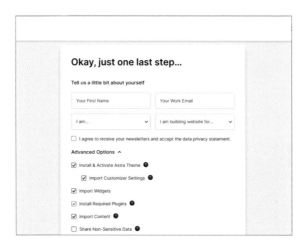

아스트라 테마가 활성화되어 있다면 다음과 같은 화면이 나온다.

• 웹사이트 설치 중

앞에서 선택한 세팅 대로 웹사이트를 만들고 있다.

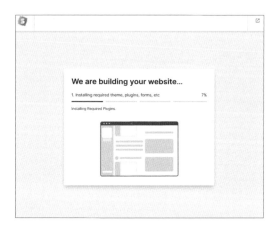

View Your Website를 클릭하여 완성된 사이트를 보거나 '나가기 버튼'을 클릭하여 세팅과정을 종료할 수 있다. 템플릿 세팅은 간단하다. 이제 세팅된 페이지를 내 웹사이트로 수정해야 한다.

스타터 템플릿 플러그인을 통해 웹사이트를 세팅했다면 '아스트라' 테마가 설치되고 활성화된다. '아스트라' 테마가 아닌 다른 테마에서 사용하려면 '고급옵션셋팅하기'에서 'Install & Activate Astra Thema' 체크를 해제하고 세팅 후 진행하면 된다. 아스트라 테마는 클래식테마이고 학습한 적이 있기 때문에 간단하게 '사용자정의하기'를 진행할 수 있다.

'관리자 ⇨ 페이지'로 이동하면 스타터템플릿 설정에 따라 생성된 페이지들이 있다. 필요한 페이지들을 사용하고, 필요 없는 페이지들은 삭제할 수 있다. 추가적인 페이지가 필요하다면 '새로 추가' 버튼으로 페이지를 생성할 수 있다.

시작화면인 Home 페이지와 sub(About, Services, Contact) 페이지를 수정하겠다.

Home 페이지 수정하기(전면)

엘리먼터로 편집을 클릭한다.

섹션 수정하기

선택한 템플릿의 Home 페이지는 5개의 섹션이 추가되어 있다. 수정이 필요한 섹션은 수정하거나 필요 없는 섹션은 삭제한다. 추가하고 싶은 섹션이 있다면 라이브러리를 통해 추가할 수 있다.

① 내비게이터의 사용하기

엘리멘터 편집영역에서 엘리먼트를 정확히 선택하려면 내비게이터 사용이 필요하다. 내비게이터에서는 섹션 단위나 세부요소로 개별선택 가능하다. 내비게이터의 요소를 클릭하면 확장되면서 내역을 확인할 수 있다.

② 스타일 편집하기

내비게이터에 의해 선택된 요소에 따라 위젯 영역이 선택된 요소 편집 상태로 변경된다. 선택된 요소 편집에서는 스타일과 고급 설정을 통해 배경, 오버레이, 여백, 사이즈 등을 설정할 수 있다.

내비게이터의 이름을 수정한다.

Home페이지의 첫 번째의 섹션은 '히어로 영역'이다. 슬로건이나 주요이미지 CTA(call to action) 버튼이 포함되는 곳이다. 내비게이터에 모든 섹션이 '섹션'이라고 표시되어 있다. 이름을 수정하면 섹션을 관리하는 데 조금 더 도움이 된다. '섹션'이라는 글자 부분을 클릭하면 수정할 수 있다. 섹션을 이름을 수정하면 알아보기가 쉽다. 이름을 '히어로'로 수정하자.

히어로 섹션에는 제목, 디바이더, 제목, 단추, 섹션이 포함되어 있다.

색선 배경이미지 수정

내비게이터 또는 편집창에서 히어로 섹션을 선택하고 배경이미지를 수정한다. 내비게이터를 사용하면 섹션 선택이 용이하다.

① 내비게이터 : 히어로 섹션 ⇨ 선택섹션 편집 ⇨ 스타일 ⇨ 이미지 클릭

'스타터 템플릿' 플러그인을 추가하면 미디어 삽입에서 무료이미지를 검색할 수 있다.

② 무료이미지 탭을 클릭한다.

검색을 통해 원하는 이미지가 나올 때까지 검색한다.

3. 적당한 이미지를 선택을 클릭한다.

적당한 이미지를 발견하였다면 '이미지 선택'을 클릭한다.

3. 저장 및 삽입 클릭

이미지 선택이 완료되었다.

섹션 배경오버레이 불투명 수정

배경오버레이는 배경이미지 위에 추가적인 요소를 겹쳐서 보여주는 것을 말한다. 검정색의 오버레이를 설정하면 전문적인 느낌도 나고 다른 색상과 비교적 잘 어울린다. 검정색 오버레이를 자주 사용하는 편이다.

① 내비게이터 : 히어로 섹션 ⇨ 선택
섹션편집 ⇨ 스타일 ⇨ 배경 오버레이

색상을 검정색을 지정했다.

2. 불투명 값을 0.8로 수정했다.

소제목 엘리먼트 수정하기

내비게이터또는 편집창에서 제목 엘리먼트를 선택하여 제목의 내용을 수정한다.

① 내비게이터 : '히어로 섹션 ⇨ 컬럼 ⇨ 제목' 선택

위젯영역 : 제목 편집 ⇨ 콘텐츠 탭 ⇨ 선택

② 제목 칸의 내용을 원하는 문구로 작성한다. '바로 써먹을 수 있는 알리바바 고수의 판매 비법'이라고 입력했다.

콘텐츠의 스타일을 변경하고 싶다면 스타일탭을 선택하여 글자 색, 서체, 테두리 등을 설정할 수 있다.

메인 제목 엘리먼트 수정하기

내비게이터또는 편집창에서 제목 엘리먼트를 선택 제목의 내용을 수정한다. 소제목이 위에 있기 때문에 하단의 제목을 선택해야 한다.

① 내비게이터 : 히어로 섹션 ⇨ 컬럼 ⇨ 제목 ⇨ 선택

위젯영역 : 제목편집 ⇨ 콘텐츠 탭 ⇨ 선택

② 제목 칸의 내용을 원하는 문구로 작성한다.

'알리바바로 40억 벌기'라고 입력했다.

③ 메인 제목의 색상을 수정한다.

위젯영역 : 제목편집 ⇨ 스타일 탭 ⇨ 선택

원하는 색상을 선택한다.

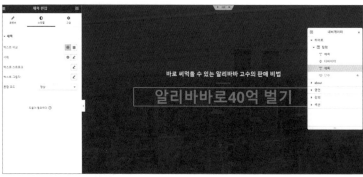

단추 모양 변경하기

① 내비게이터 : 히어로 섹션 ⇨ 컬럼 ⇨ 단추 선택

위젯영역 : 단추편집 ⇨ 스타일탭 ⇨ 단추편집

② 둥근모서리 부분을 0으로 지정했다.

섹션 배경에 동영상 추가하기

여기서 섹션편집을 종료해도 되지만 배경에 동영상을 추가할 수 있다. 복잡한 코딩 없이 유튜브 URL만 추가해도 멋진 배경이 추가된다.

① 내비게이터 : 히어로 섹션 ⇨ (선택)

섹션편집 ⇨ 스타일 ⇨ 배경타입 ⇨ '동영상' 클릭

② 비디오 링크 추가

youtube에서 검색한 URL을 비디오 링크에 추가하거나 미디어파일에 등록된 URL을 비디오링크에 추가하면 된다.

③ 결과물

멋진 동영상 배경화면이 설정되었다.

youtube에서 동영상 찾는 방법

배경으로 사용될 동영상 찾는 방법 'background video free'

라고 검색하면 사용할 수 있는 배경 화면이 많이 나온다.

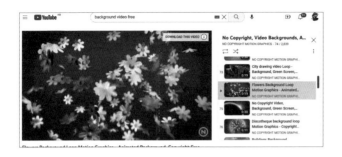

원하는 배경 동영상을 발견하면 동영상의 URL을 복사하여 비디오 링크에 추가해 사용할 수 있다.

블록 섹션 추가하기

원하는 섹션의 구성이 없다면 블록섹션에서 원하는 섹션을 미리 확인하고 추가할 수 있다. 섹션을 추가하는 방법은 편집영역 마지막 부분에서 추가하기, 편집영역의 섹션을 선택 후 +버튼을 클릭하여 추가하기 방법이 있다. 내비게이터에서 섹션 영역을 선택하면 섹션을 쉽게 선택할 수 있다.

① 내비게이터의 섹션을 선택 후 + 버튼을 클릭한다.

② '스타터 템플릿' 모양을 클릭한다.

③ 블록 탭을 선택하고 원하는 블록 클릭하여 찾아본다.

④ 원하는 모양을 찾았다면 상단의 '가져오기Block'을 클릭한
다.

⑤ 불러오기가 완료되면 섹션이 추가된다.

⑥ 내비게이터 이름 수정

내비게이터에서 섹션의 이름을 'about'이라고 수정한다.

⑦ 이미지 영역 수정

내비게이터 : about ⇨ 컬럼 ⇨ 이미지 ⇨ (선택)

이미지 편집 ⇨ 콘텐츠 ⇨ 이미지

준비한 다른 이미지를 선택한다.

이미지를 변경했더니 정렬을 원하는 배치대로 이미지가 나오지 않았다. 이미지를 변경한 후 원하는 배치로 이미지가 표시되지 않는 경우, 이미지 요소의 스타일이나 컬럼의 스타일을 확인해야 한다.

⑧ 이미지 정렬하기

내비게이터 : about ⇨ 컬럼 ⇨ (선택)

컬럼 편집 ⇨ 레이아웃 ⇨ 수직 정렬

'하단'으로 선택되어 있는데, 이를 '기본'으로 선택하였다.
기본으로 선택 후 변경된 이미지가 위로 정렬되었다.

하단의 약간의 색이 지정되어 있는데, 컬럼 배경색으로 지정되
어 있었다.

⑨ 컬럼 배경이이미지 삭제하기
내비게이터 : about ⇨ 컬럼 ⇨ (선택)
컬럼 편집 ⇨ 스타일 ⇨ 배경 ⇨ 색상

색상 지우기를 클릭한다. 배경색이 제거 되었다.

⑩ 이미지 마스크 추가하기

이미지 마스크를 추가해서 다듬어진 이미지 상태로 만들어보겠다.

내비게이터 : about ⇨ 컬럼 ⇨ 이미지(선택)

이미지 편집 ⇨ 고급탭 ⇨ 마스크

마스크 '예'로 수정했다.

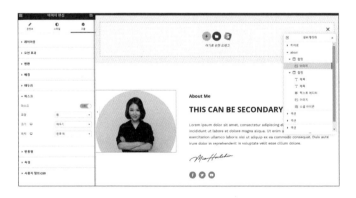

원 마스크가 적용되었고 모양을 선택하여 다양한 마스크를 적용할 수 있다.

⑪ 제목 내용 수정하기

내비게이터 : about ⇨ 컬럼 ⇨ 2번째 제목 ⇨ 선택

제목편집 ⇨ 콘텐츠 탭 ⇨ 제목

about 섹션의 2번째 제목의 텍스트를 수정했다.

제목이 수정되었다.

⑫ 텍스트 에디터 수정하기

내비게이터 : about ⇨ 컬럼 ⇨ 텍스트에디터 (선택)

텍스트 에디터 편집 ⇨ 콘텐츠 ⇨ 텍스트 에디터 ⇨ 비주얼

콘텐츠에 준비한 텍스트를 입력했다.

⑬ 사인 이미지 삭제

사인 이미지가 준비되지 않아서 삭제했다.

내비게이터 : about ⇨ 컬럼 ⇨ 이미지 선택

내비게이터에 선택하여 삭제

⑭ 소셜아이콘 삭제

소셜아이콘이 필요하지 않아서 삭제했다. 필요하다면 다른 엘리먼트 위젯 수정하듯 수정하여 사용하면 된다.

내비게이터에 선택하여 삭제

추가한 블록을 수정까지 완성했다. 원하는 블록이나 페이지를 추가해서 수정할 수 있다.

명언 섹션 수정하기

명언 섹션 부분을 원하는 내용으로 수정했다. 위에 과정을 따라 했다면 명언 섹션을 직접 수정해 보자. 내비게이터만 잘 선택한다면 크게 어렵지 않다.

① 내비게이터의 섹션이름을 '명언'이라고 수정한다.
② 내비게이터 : 명언 ⇨ 컬럼 ⇨ 증명서 선택
증명서 편집 ⇨ **증명서** ⇨ **콘텐츠** : "내가 가난하게 태어났다면, 결코 내 탓이 아니다. 하지만 만약 내가 가난하게 세상을 떠난다면, 모두 내 잘못이다."라고 입력했다.
증명서편집 ⇨ **증명서** ⇨ **이미지** : 무료이미지에서 적당한 남자 이미지를 선택해서 추가했다.

강의섹션 수정하기

기존의 섹션의 구성을 그대로 두고 이미지와 콘텐츠만 수정하여 디자인을 완성했다.

필요 없는 섹션 삭제하기

섹션이 추가되었지만 했지만 필요 없는 경우 과감히 삭제할 수 있다.

섹션 선택 후 x 버튼을 클릭하면 삭제된다.

새로운 섹션 추가하기

라이브러리나 스타터템플릿의 블록에서 원하는 블록을 찾지 못했다면 새로운 섹션을 추가하여 만들 수 있다. 원하는 구성으로 꾸며 보자. 새로운 섹션을 추가하는 방법은 앞에서 학습했다.

반응형 디자인 최적화하기

페이지 편집이 모두 완료되었다면. 마지막 단계는 디자인 최적화 부분이다. 편집하는 PC에서는 잘 보이지만 모바일이나 태블릿에서는 해상도와 여백의 문제로 아름답게 보이지 않는 경우가 있다. 그래서 모바일 미리보기, 태블릿 미리보기를 하여 반응형 디자인 최적화를 해야 한다.

① 응답모드를
클릭한다.

응답모드를 클릭하면 편집영역 상단에 '데스크

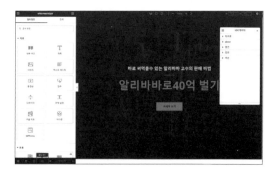

톱', '태블릿', '모바일' 미리보기를 할 수 있다.

이미지 여백이나 마진 등을 조정해서 모바일에서도 잘 보이도록 조절할 수 있다.

모바일 태블릿 미리보기를 하여 스타일 고급 탭을 이용해서 스타일을 조정할 수 있다.

수정완료

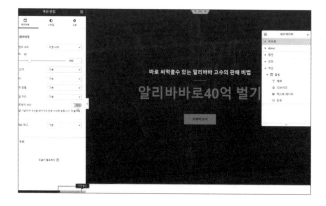

수정이 완료되었다면 '업데이트' 버튼을 클릭한다.

편집이 완료되었다면 다른 페이지도 같은 요령으로 수정한다.

about 상세 페이지 수정하기

about 페이지에는 보통 회사소개, 조직소개, 성과나 업적, 회사 비전과 같은 정보가 들어간다. Home 페이지를 수정했다면 about 페이지는 비교적 쉽게 만들 수 있다.

수정할 상세페이지를 선택 후 '엘리멘터로 편집'을 클릭한다. About 페이지를 선택하였다. about 페이지 역시 섹션을 수정, 삭제하고 필요한 블록을 선택하여 디자인을 완성할 수 있다.

섹션 수정하기

선택한 템플릿의 about 페이지는 3개의 섹션이 추가되어 있다. Home 페이지와 마찬가지로 내비게이터의 이름부터 수정한다.

① 내비게이터 이름 수정하기

서브페이지의 첫 번째 영역은 대부분 header이다. 섹션 이름을 'header'라고 수정한다.

② 헤더 섹션 배경 이미지 수정

내비게이터 ⇨ header

섹션편집 ⇨ 스타일 ⇨ 배경 ⇨ 이미지

③ 배경오버레이 수정

내비게이터 ⇨ header

섹션편집 ⇨ 스타일 ⇨ 배경 오버레이 ⇨ 불투명

불투명 0.8로 수정했다.

④ header 섹션 여백 조정

내비게이터 ⇨ header

섹션편집 ⇨ 고급 ⇨ 패딩

상단 100, 하단 50으로 수정했다.

⑤ 헤더 섹션 제목 수정

내비게이터 : header ⇨ 컬럼 ⇨ 제목

제목편집 ⇨ 콘텐츠 ⇨ 제목

제목에 about이라고 입력했다.

⑥ 다른 섹션 디자인 완성하기

상세페이지 역시 하단의 부분은 블록을 추가하거나 삭제하여
다음과 같은 디자인을 완성한다.

about 섹션

profile 섹션

Service 페이지 수정하기

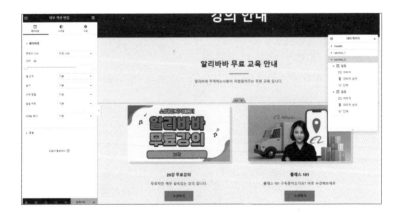

• 웹사이트 헤더 수정하기

상세페이지가 완성되었다면 페이지와 메뉴를 연결해야한다. 스타터템플릿에서 자동으로 생성되었지만 필요 없는 페이지나 페이지가 추가된 경우 메뉴를 편집할 수 있다.

아스트라 테마에서는 헤더 편집이 디테일하게 가능하여 다양한
편집 옵션을 제공한다.

메뉴 관리 하기

1. 관리자 ⇨ 외모 ⇨ 메뉴로 이동한다.

메뉴 구조에 생성된 메뉴 중 사용하지 않는 메뉴는 삭제할 수
있다. 페이지가 추가되거나 완성되었을 때 다시 메뉴를 추가할 수
있다.

2. 불필요한 메뉴 클릭하여 '제거'한다.

3. 메뉴 저장하기

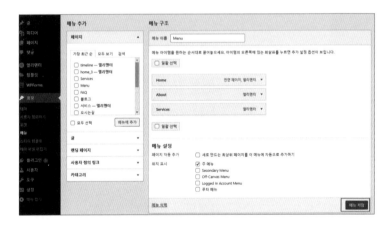

버튼 제거하기

메뉴를 수정했지만 상단에 아직 버튼이 남아 있다. 불필요하기 때문에 삭제한다.

1. 헤더 영역의 버튼을 클릭하여 삭제

관리자 ⇨ 사용자 정의하기 ⇨ Header Builder로 이동한다.

x 버튼을 눌러 제거한다.

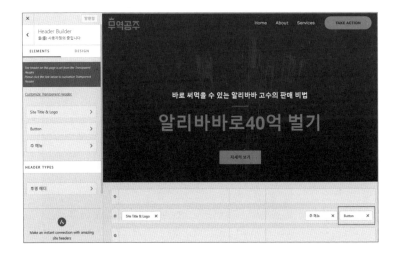

버튼 추가하기

삭제한 버튼은 헤더 편집 영역에서 다시 추가할 수 있다.

① +버튼 클릭

② Button 클릭

로고 설정하기

'스타터 템플릿' 세팅을 할 때 로고를 선택하지 못하였거나, 로고를 수정하고 싶을 때 사용자정의에서 로고를 변경할 수 있다.

1. 외모 ⇨ 사용자정의하기 ⇨ Header Builder ⇨ (선택)

2. 원하는 로고로 변경하거나 제거한다.

3. 레티나 기기에 다른 로고 비활성화 또는 이미지 변경

레티나 기기에 '다른 로고'에 활성화 되어 있다면 레티나 기기(고해상도 기기)에 다른 로고가 보여지기 때문에 비활성화 하거나 고해상도의 로고로 변경한다.

• 웹사이트 푸터(바닥글) 수정하기

웹사이트 푸터에는 일반적으로 아래 위치하며 다양한 정보가 포함된다. 회사 정보, 탐색메뉴, SNS링크, 이용약관 등이 포함될 수 있다. 아스트라에서는 푸터 편집이 디테일하게 가능하여 다양한 편집 옵션을 제공한다.

푸터 표시영역

3개의 푸터 영역을 설정할 수 있다.

① 푸터 위 영역

② 메인 푸터 영역

③ 푸터 아래 영역

푸터 영역의 다양한 설정

푸터 영역은 다양한 설정을 통해 레이아웃과 디자인을 변경할 수 있다.

푸터 영역의 톱니바퀴(✿)를 클릭하면 다양한 옵션을 수정할 수 있다.

1.GENERAL 탭 설정

GENERAL 탭에서는 선택한 푸터의 컬럼, 컬럼에 따른 레이아웃, 폭, 디바이스별 보기 설정을 할 수 있다.

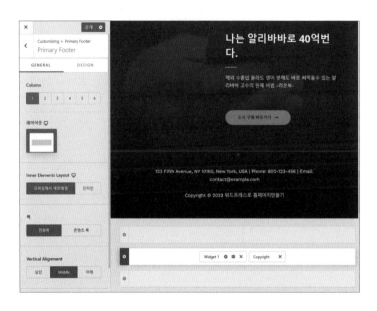

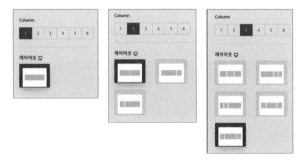

2. DESIGN 설정

상단테두리, 배경색, 패딩과 마진 같은 여백을 설정할 수 있다.

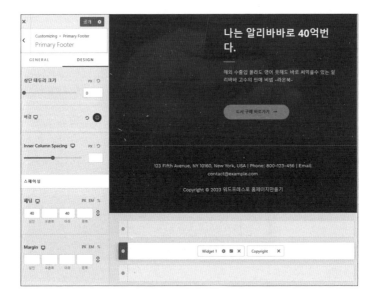

푸터 위젯 요소 수정하기

푸터 영역에 세팅된 위젯의 톱니바퀴를 클릭하면 블록에디터를 이용하여 내용을 수정할 수 있다.

6장

유지보수 및
운영 노하우
Q & A

    홈페이지를 직접 만든 이유는 유지보수를 잘하기 위해서다. 홈페이지를 운영하다 보면 페이지를 수정하거나 추가하고 새로운 기능을 더하는 일이 생긴다. 페이지를 만들고 수정하고 메뉴를 변경하는 것은 직접 만들었기 때문에 쉽게 해결할 수 있다. 하지만 운영하다 보면 다양한 문제가 발생한다. 플러그인과 테마와 호환성 문제로 웹사이트가 제대로 동작하지 않을 때 백업과 복원하는 기능만 알아도 대부분 해결할 수 있다. 또 다른 장애로는 서버의 디스크 사용량이 꽉 찬 경우, 과도한 사용량으로 데이터베이스 연결이 잘 안 되는 경우도 있다. 이럴 땐 서버를 재시작하거나 디스크 정리만 해도 충분히 장애를 극복할 수 있다. CPU나 메모리 사용량이 증가될 때 확인하는 방법 등을 알아야 한다. 그리고 다양한 궁금증에 대해서 해결해 보도록 하자.

Q 웹사이트, 홈페이지, 페이지, 서로 다른가요?

A 페이지의 모음이 웹사이트다. 웹사이트의 시작페이지 첫 화면을 홈페이지라고 부른다. 홈페이지와 웹사이트의 의미는 서로 다르지만, 우리나라에서는 같은 의미로 사용된다. 우리나라에서는 시작페이지(홈페이지)를 보통 메인페이지라고 부른다.

Q 워드프레스를 만들기 위해서 더 비싼 클라우드웨이즈를 사용해야 하나요?

A 같은 사양의 다른 서버나 호스팅을 사용하면 비용이 저렴한 건 사실이다. 하지만 백업기능을 별도의 세팅 없이 이용할 수 있고 다양한 최적화 기능을 이용할 수 있다. 그리고 클릭 몇 번으로 구성되는 스테이징 기능을 활용하면 되면 독립적인 개발 환경에서 완벽히 테스트를 할 수 있다. 워드프레스는 어떤 호스팅을 이용해도 상관없다. 다른 호스팅으로는 페스트코맷, 블루호스트, 사이트 그라운드 등 다양하다. 앞에서 DNS와 FTP를 통합한 워드프레스 설치법을 학습했기 때문에 다양한 웹호스팅을 선택하여 워드프레스를 운영할 수 있다.

Q 서버 사용량을 알고 싶어요

🅰 서버 리소스를 점검하는 건 서버를 운영하는 데 있어 중요하다. 램, CPU, 대역폭, 사용량을 점검할 수 있다. 서버가 너무 느리거나 접속장애가 발생했을 때 꼭 체크해야 한다.

1. 클라우드 웨이이즈 서버 탭에서 점검할 서버를 선택한다.

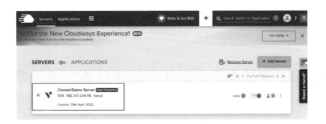

2. Monitoring을 클릭한다.

SUMMARY 탭에서는 램, CPU, DISK, 대역폭(트래픽) 사용량을 점검할 수 있다.

램 사용량이나 디스크 사용량이 비정상일 때에는 아래 이미지와 같이 비정상 상태를 표시해 준다.

이럴 때는 웹사이트 접속이 원활하지 않을 수 있다.

APPLICATION WISE DETAILS에서 + 버튼을 클릭하면 운영 중인 앱의 사용량을 모니터링 할 수 있다.

APPLICATION WISE DETAILS

APPLICATION WISE DETAILS

APP NAME	CPU%	MEMORY	DISK USAGE
	0.00	0 KB	332 MB (Last Updated: 4th July, 2023, 00:00 UTC)
	0.00	0 KB	129 MB (Last Updated: 4th July, 2023, 00:00 UTC)
	0.00	0 KB	363 MB (Last Updated: 4th July, 2023, 00:00 UTC)
	0.00	0 KB	615 MB (Last Updated: 4th July, 2023, 00:00 UTC)
	0.00	0 KB	80 MB (Last Updated: 4th July, 2023, 00:00 UTC)
	0.00	0 KB	227 MB (Last Updated: 4th July, 2023, 00:00 UTC)
	0.00	0 KB	148 MB (Last Updated: 4th July, 2023, 00:00 UTC)
	0.00	0 KB	4 MB (Last Updated: 4th July, 2023, 00:00 UTC)
	41.36	41 MB	85 MB (Last Updated: 4th July, 2023, 00:00 UTC)
	0.00	0 KB	186 MB (Last Updated: 4th July, 2023, 00:00 UTC)
	0.00	0 KB	355 MB (Last Updated: 4th July, 2023, 00:00 UTC)
	0.83	25 MB	2 GB (Last Updated: 4th July, 2023, 00:00 UTC)
	0.00	0 KB	756 MB (Last Updated: 4th July, 2023, 00:00 UTC)
	0.00	0 KB	184 MB (Last Updated: 4th July, 2023, 00:00 UTC)
	0.00	0 KB	274 MB (Last Updated: 4th July, 2023, 00:00 UTC)
	0.00	0 KB	252 MB (Last Updated: 4th July, 2023, 00:00 UTC)
	0.00	0 KB	81 MB (Last Updated: 4th July, 2023, 00:00 UTC)

메모리 사용량이 과도하거나 CPU 사용량이 과도한 경우 해당 워드프레스의 플러그인 등을 점검해야 한다.

DETAILS 탭에서 다양한 항목에 대해서 통계와 그래프가 제공된다.

Idle CPU, Free DISK, Reads per Second, Writes per second, Free memory 등등이 있다. 특별한 이슈가 있다면 모두 체크해서 원인을 찾아야 하는 경우도 있지만, 대부분 서버를 확장하면 해결되기도 한다. 트래픽이 너무 많이 나오는 앱을 다른 서버로 분리하는 것도 방법이다.

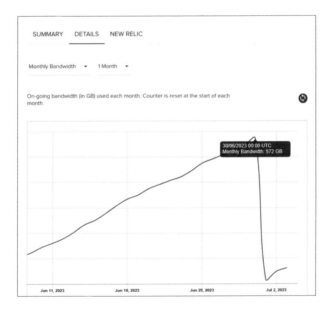

다양한 항목 중 Monthly Bandwidth를 선택해서 그래프를 보면 한 달에 사용되는 트래픽을 미리 예측하고 점검할 수 있다.

Q 서버가 조금 느린 것, 서버를 재시작 하고 싶어요

A 서버 재시작 역시 클릭 한 번으로 해결할 수 있다. Manager Service에서 서비스를 선택해서 제어할 수 있다.

• 서버 탭에서 점검할 서버를 선택한다.

• Manage Services를 선택한다.

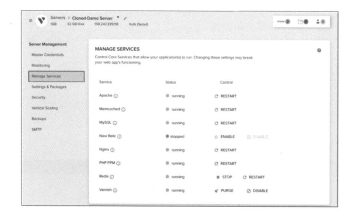

Apache, Nginx, MySQL 등의 서버 또는 서비스의 상태를 확인할 수 있다. RESTART를 클릭하면 원하는 서비스를 재시작할 수 있다.

Q PHP 메모리 제한을 늘리고 싶어요

A PHP 기본값은 256MB로 제한되어 있다. 워드프레스 테마나 플러그인에서 간혹 높은 용량의 메모리가 필요한 경우가 있다.

Server Management
Master Credentials
Monitoring
Manage Services
Settings & Packages
Security
Vertical Scaling
Backups
SMTP

SETTINGS & PACKAGES
Manage various server-level settings as well as packages.

BASIC   ADVANCED   PACKAGES   OPTIMIZATION   MAINTENANCE

EXECUTION LIMIT ⓘ
300   sec

UPLOAD SIZE ⓘ
100   MB

MEMORY LIMIT ⓘ
256   MB

DISPLAY ERROR ⓘ
No   ▼

ERROR REPORTING ⓘ
Default - [E_ALL & "E_DEPRECATED & "E_STRICT]   ▼

PHP TIMEZONE ⓘ
                                       ▼

SAVE CHANGES

• MEMORY LIMIT 값 수정하기

원하는 값으로 수정하고 'SAVE CHANGES' 버튼을 클릭하자.

서버 RAM에 따라서 권장값이 다르다. 1기가 서버는 512메가 미만, 2기가 서버는 1기가 미만, 4기가 서버는 2기가 미만을 권장한다. 기본 값은 256MB이지만 워드프레스의 테마나 플러그인에서 좀 더 높은 용량의 메모리가 필요한 경우 변경하자.

Q PHP와 MySQL 버전 업그레이드 하고 싶어요

A PHP에도 역시 버전이 있다. 낮은 버전을 사용할 경우 보안이 취약한 경우가 있다. 그럴 때 사용할 수 있다. 버전을 변경하는 방

법 역시 매우 간단하다.

1. 서버 ⇨ Settings&Pakages ⇨ PACKAGES 탭 선택 ⇨ PHP 클릭

2. 변경할 버전 선택

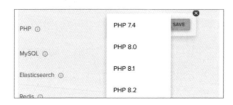

3. 경고창에서 'OK' 클릭

4. 업데이트 중

5. 업데이트 완료

선택한 PHP.8.2로 변경되었다.

같은 방법으로 MySQL 버전도 변경할 수 있다.

추천하는 버전으로는 'PHP 8.2/마리아디비 10.6'이다. MySQL 버전도 변경해 보자.

클라우드웨이즈는 별도의 선택을 하지 않아도 자동으로 백업된다. 웹사이트를 만들면서 백업을 하는 건 너무 어렵다. 주기적으로 백업을 해야 하지만 보통은 웹사이트를 이전할 때, 웹사이트를 다른 사람에게 양도할 때만 하게 된다. 클라우드웨이즈는 서버 저장공간을 활용하여 주기적으로 백업하고 있다. 백업된 파일은 삭제도 가능하다. 혹시 해킹 당하더라도 복구하면 그만이다.

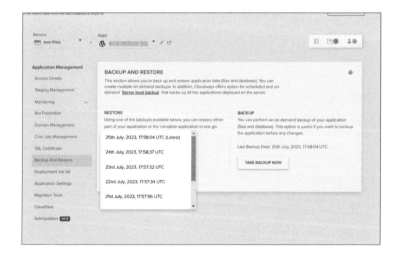

클라우드웨이즈 Apps의 Backup And Restore에서 복구는 원하는 날짜만 선택하면 복구된다.

스테이징 사용법 알려주세요

A

1. 스테이징을 하려고 하는 어플리케이션에서 점 3개(⋮)를 클릭한 후 Clon Apps/Create Staging을 클릭한다.

2. 사용할 서버를 선택하고 Create As Staging에 체크한 다음 CONTINUE 버튼을 선택한다.

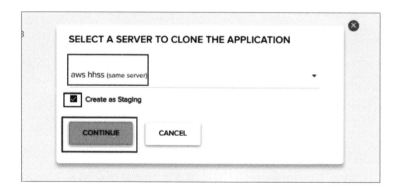

같은 서버를 선택하거나 다른 서버를 선택할 수 있다.

3. 서버에 스테이징 앱의 생성이 끝날 때까지 기다린다.

4.스테이징된 앱을 선택하여 수정된 사항을 라이브 앱으로 보내거나 스테이징 앱으로 보낼 수 있다.

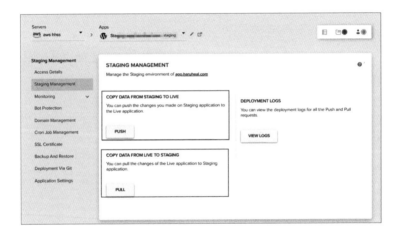

스테이징에서 중대한 수정(테마 변경, 플러그인 추가 및 업데이트)을 진행하고, 이상이 없다면 라이브 앱으로 전송하도록 하자. 수정이 귀찮다면 무시하고 백업 기능만 사용해도 된다.

Q 애드센스는 워드프레스만 가능한가요?

웹사이트를 만들 수 있다면 애드센스는 다른 웹사이트에서도 역시 가능하다. 자유롭게 글을 작성하고 자유도가 높은 웹사이트는 대부분 가능하다. 티스토리, 직접 만든 홈페이지, 구글 블로그 스팟까지도 가능하다. 하지만 네이버 블로그의 경우 애드센스 승인용 코드를 넣을 수 없어 불가능하다.

Q 안전한 워드프레스를 사용하기 위해 어떤 플러그인을 설치해야 하나?

A 운영 중인 웹사이트가 해킹된다면 정말 아찔하다. 다행히도 클라우드웨이즈는 별도의 셋팅을 하지 않아도 안전하게 지켜준다.

워드프레스를 만들면 기본으로 설치되는 플러그인이다. 'Bot Protection'을 활성화시켜두면 클라우드웨이즈에서 모니터링할 수 있다.

별도의 세팅이 없어도 봇프로텍션이 웹사이트를 보호해 준다.

한 번은 네덜란드에서 해킹 시도가 있었는데 모두 차단해 주었
다. 다른 보안 방법을 원한다면 다양한 보호 플러그인을 설치할 수

있지만, 아직까지 'Bot Protection' 플러그인 사용 이후 해킹당한 적이 없다. 서버 단에서 처리되기 때문에 워드프레스 앱에 부하도 생기지 않는다.

7장

검색엔진 최적화
SEO

홈페이지를 만들고 나서 검
색엔진에 검색이 안 되는 경우가 있다.
검색엔진최적화가 안 되어 있기 때문이다. 홈페
이지가 검색엔진에 노출되기 위해서는 검색엔진최적
화를 해야 한다. 그리고 검색 결과, 내 홈페이지
가 상위 노출되는 방법에 대해서 알아
보겠다.

SEO 꼭
해야 하나?

검색엔진 최적화(SEO : Search Engine Optiomization)란? 검색엔진을
통해 오는 건전한 방문자수를 늘리려고 실행하는 다양한 활동이
다. 검색엔진의 관점에서는 '검색엔진이 콘텐츠를 이해하고 제공
하도록 돕는 것'이다. 구글이나 네이버 같은 검색엔진이 페이지를
잘 이해하고 검색을 통해 유입되는 방문자 늘리기 위한 활동이다.
 SEO의 첫 번째는 바로 검색엔진에 등록하는 일이다. 그리고 콘
텐츠를 잘 작성해야 하는데, 그것 역시 검색엔진이 좋아할 만한 구
성을 갖춰야 한다. 그리고 내 홈페이지를 여기저기 알려야 한다.
필요에 따라서 광고도 해야 한다. 이런 것들 모두 SEO 활동이다.
이들의 활동 영역이 넓다 보니 구글 SEO, 네이버 SEO, 온페이지
SEO, 오프페이지 SEO, 테크니컬 SEO, 콘텐츠 SEO, 로컬 SEO 등
다양한 이름들이 생겨났다.
 SEO의 본질은 고객이 만족할 만한 페이지를 만들고(text), 검색

엔진이 잘 이해하고(code), 건전한 사용자가 들어왔을 때(link) 만족한다면 상위 랭킹에 도달할 수 있게 하는 것이다. 최종 사용자가 만족할 만한 양질의 콘텐츠를 만드는 작업을 **콘텐츠 SEO**라고 한다. 검색엔진이 페이지의 내용을 이해하도록 하는 걸 **테크니컬 SEO**라고 한다. 테크니컬 SEO가 나오게 된 이유를 알면 테크니컬 SEO는 간단하게 학습할 수 있다. 내 홈페이지에서 제어할 수 있는 영역인 콘텐츠 SEO와 테크니컬 SEO를 합쳐서 온페이지 SEO라고 한다. 그 외에 활동은 오프페이지 SEO다. 오프페이지 SEO는 내 홈페이지가 아닌 다른 온라인에서 이뤄지는 최적화 활동이다. 백링크나 트래픽 유입을 시키는 작업이 모두 SEO다. 오프페이지 활동 중 검색엔진을 속이기 위한 편법을 블랙햇 SEO라고 부른다. 그리고 정상적인 SEO 활동을 화이트햇 SEO라고 한다.

그리고 최근에 검색엔진의 결과 페이지에 다양한 스니펫과 스마트블럭이 추가되고 있다. 스니펫으로 보여주기 위한 활동을 온서프 SEO(On Search Engine Results Pages SEO)라고 한다. 스니펫에 내 홈페이지가 보인다면 검색 결과가 상단에 위치하게 되고 생각보다 많은 사용자들이 내 홈페이지를 찾게 된다.

이렇게 SEO는 점점 더 복잡해지고 있다. 구글의 경우 순위를 반영하는 요소는 200가지가 넘는다. 그 요소들이 해마다 추가되고 가중치가 변경되고 있다. 구글의 경우 매년 수천 번의 알고리즘이 변한다고 한다. 수십, 수백 명의 엔지니어가 기술들을 검토하고 적용했다면, 마이너한 개발까지 포함할 때 수천 번 알고리즘이 변한다. 이 모든 걸 배우고 적용하긴 매우 어렵다. "SEO는 이게 정답이야"라고 말하긴 어렵지만, 상식선에서만 생각한다면 SEO는 크게 어렵지 않다. 그리고 각 검색엔진은 변화에 대해서 공지하고 발표하고 있다.

검색엔진의 알고리즘과 SEO에 관한 새로운 소식들은 공식 웹사이트를 통해 확인할 수 있다. 구글의 경우 google 검색센터 (https://developers.google.com/search), 네이버의 경우 NAVER Search & Tech 블로그(https://blog.naver.com/naver_search)에서 확인할 수 있다.

그리고 각 검색엔진마다 공식적으로 설명한 문서들이 있다. 구글의 경우 '검색엔진 최적화(SEO) 기본 가이드'를 공개했다.

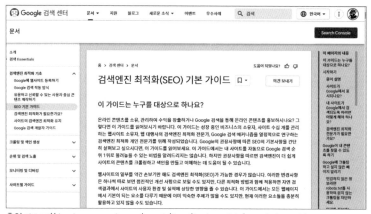

출처 : https://developers.google.com/search/docs/fundamentals/seo-starter-guide

네이버 역시 웹마스터 가이드에서 SEO에 대해서 친절하게 알려주고 있다.

출처 : https://searchadvisor.naver.com/guide/seo-help

다음 역시 검색 가이드가 있다.

출처 : https://cs.daum.net/faq/15/15649.HTML

SEO 정책과 공지에 대해서 꼼꼼히 체크해 보자. 공식 자료이고 정리도 잘되어 있다.

하지만 너무 다양한 SEO 활동을 보면 어렵다고 생각할 수 있지만 검색엔진을 조금 이해하면 어렵지 않게 검색엔진최적화를 할 수 있다. 홈페이지는 한 번 만들고 방치하지 말고 지속적으로 관리해야 한다. SEO 활동을 통해 자연검색을 통한 유입을 증가시킬 수 있다.

구글 검색엔진에 AI가 도입되면서 검색 랭킹 알고리즘이 많이 변했다. 블랙햇 SEO와 스팸성 사이트는 검색에서 제외되고 있다. 검색엔진이 메타태그만 인식하던 시절엔 백링크만 많이 해도 페이지가 상단에 올라가고 무의미한 트래픽을 발생시켜도 검색엔진 순위가 상승했다. 과거엔 느린 서버들이 많이 있기 때문에 페이지 속도가 중요한 요소였다. 적어도 지금은 브라우저에 느린 서버 탓에 '타임아웃' 오류는 잘 발생하지 않는다. 만약 타임아웃이 발생할 정도로 느리다면 검색엔진이 당연히 수집을 포기한다. 페이지 속도는 사용자가 이탈하지 않을 정도면 된다. 로딩이 느린 페이지는 최종 사용자들이 홈페이지에서 빠르게 이탈하게 되고 최적화에서 긍정적 요소로 보기 어렵다. 페이지 속도, 사이트 보안(SSL), 내부링크, URL에 키워드 넣기 등의 요소는 최근에 중요한 검색엔진최적화에서 더 이상 가중치가 높은 요소가 아니다.

지금 시점에서 중요한 요소를 선택한다면 최종 사용자가 보기에도 충분히 매력적인 콘텐츠, 검색엔진이 체크하는 메타 태그, 과거에 비해 줄었지만 신뢰성 있는 사이트의 백링크 정도가 되겠다.

좀 더 추가한다면 전문성, 관련 내용 숏테일 키워드와 롱테일 키워드가 조화롭게 작성된다면 검색엔진은 홈페이지를 그 분야의 전문성이 높다고 평가한다. 그래서 롱테일 키워드가 숏테일 키워드로 검색될 확률을 올릴 수 있다. 그리고 AI가 문서의 맥락을 이해하기 때문에 문서에 대한 신뢰성이 있어야한 다. 메주는 콩으로 만든다. 하지만 내 홈페이지에서 '메주는 쌀로 만든다'라고 잘못된 정보를 제공하면 페이지 자체 신뢰도는 하락한다.

좀 더 요약하자면 바로 고품질 콘텐츠이다.

사용자에게 고품질 콘텐츠를 게재하나요?

첫 번째 우선순위는 사이트에서 사용자에게 최상의 경험을 제공하는 것입니다. 어떻게 하면 사이트를 특별하고 가치 있으며 매력적으로 만들 수 있을지 생각해 보세요. 콘텐츠를 평가하는 데 도움이 되도록 Google 가이드에서 제공되는 유용하고 신뢰할 수 있는 사용자 중심 콘텐츠를 만드는 방법 자체 평가 질문을 스스로에게 던져 보세요. Google이 선호하는 방식에 따라 웹사이트를 관리하고 있는지 확인하려면 검색 Essentials를 읽어보세요.

구글 SEO 가이드 첫 번째 우선순위라고 표현하고 있다. SEO의 가장 큰 중요 요소는 고품질의 콘텐츠! 사용자가 원하는 것을 보여주는 것이 검색엔진이 하는 일이다. 페이지 속도가 빠르다고 속도 순으로 보여주지 않는다.

다음 장에선 SEO의 가장 처음에 해야 하는 검색엔진에 등록하는 방법을 알아보고, 다양한 SEO에 대해서 학습해 보자.

검색엔진에 등록하기

검색엔진에 홈페이지를 등록하지 않아도 검색엔진이 내 홈페이지를 색인해서 검색결과를 보여주기도 한다. 하지만 검색등록을 한다면 site맵과 rss를 추가로 등록하여 검색엔진에서 내가 만든 콘텐츠를 모두 색인할 수 있도록 도와준다.

검색엔진에서 "site:내도메인"이라고 검색해 보자.

검색결과 0개, 반대로 색인이 되어 있는 경우에는 검색결과가
표시된다.

위키하우의 경우 670만 건의 콘텐츠가 구글에 색인이 되어 있
다.

0건의 검색결과를 n개로 만드는 빠른 방법은 바로 '검색엔진에
내 사이트 등록하기'이다.

대부분의 검색엔진은 웹사이트를 등록할 수 있는 페이지가 있
다.

구글서치콘솔 : "https://search.google.com/search-console"

네이버 서치어드바이저 : "https://searchadvisor.naver.com"

빙 웹마스터도구 : "https://www.bing.com/webmaster"

다음 검색등록 : "https://register.search.daum.net/"

다음 웹마스터 등록 : "https://webmaster.daum.net/"

검색엔진에 등록하는 방법은 비슷하지만, 등록 절차가 어렵다고 생각하면 생략할 수 있다. 다양한 SEO 활동을 통해 자연스럽게 색인되기 때문이다.

○ 구글 서치콘솔

구글은 구글 서치콘솔에서 웹사이트 등록을 할 수 있다.

・ 구글 서치콘솔에 등록하기

구글 서치콘솔에 접속한다.

https://search.google.com/search-console

'시작하기'를 클릭한다.

시작하기를 클릭하면 구글 계정의 로그인을 하게 된다.

도메인 '신규'에 URL 입력에 도메인을 입력하고 '계속'을 클릭한다.

DNS 레코드를 통해 도메인 소유권 확인 창의 TXT코드를 복사한다.

도메인의 DNS에 복사한 TXT레코드를 추가한다.

DNS 추가 후 "DNS 레코드를 통해 도메인 소유권 확인"에서 에서 확인을 클릭한다.

소유권 확인 실패

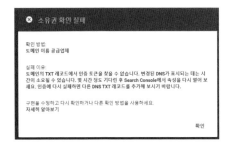

올바르게 세팅을 해도 위의 '소유권 확인 실패' 팝업이 나올 수 있다.

5~10분 정도 지난 후 다시 확인을 클릭한다.

소유권 확인 완료

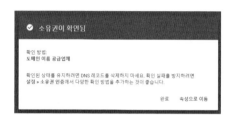

도메인 추가 완료

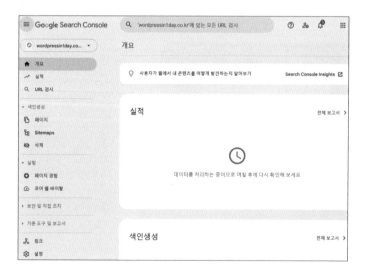

며칠 후 실적과 색인 부분에서 보고서를 볼 수 있게 된다.

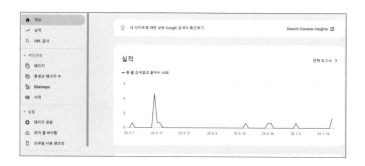

• 구글 서치콘솔에 sitemap, RSS 제출하기

구글 서치콘솔에 도메인이 등록되면 sitemap과 RSS를 제출할 수 있다. 등록하려고 하는 도메인의 URL을 제출하면 된다.

Sitemap URL : https:// + 등록하려는 도메인 +/sitemap.xml

RSS URL : https:// + 등록하려는 도메인 +/rss

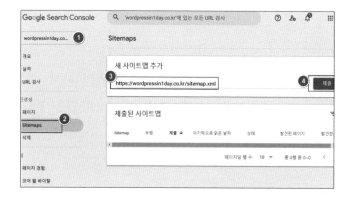

① 도메인 선택

② Sitemaps 클릭

③ Sitemaps URL 넣기

④ 제출 클릭

같은 방법으로 RSS도 추가한다. 완료되면 다음과 같이 추가된다.

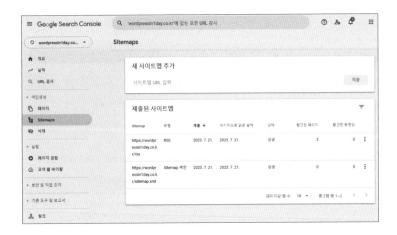

사이트맵과 RSS를 등록하는 이유는 검색엔진이 효과적으로 크롤링하기 위해서다. 워드프레스의 경우 사이트맵과 RSS는 자동으로 만들어진다. 작성한 글이 0개라면 RSS에 내용이 없을 수 있다.

○ 네이버 검색 등록하기

네이버서치어드바이저(https://searchadvisor.naver.com/) 사이트에

서 홈페이지 등록과 Sitemap, RSS를 등록할 수 있다.

• 네이버 서치어드바이저 웹사이트 등록

네이버는 네이버 서치어드바이저에서 웹사이트 등록을 할 수 있다.

서치어드바이저에 접속한다.

(https://searchadvisor.naver.com/)

웹마스터 도구를 클릭한다.

등록할 도메인을 입력한다.

HTML 태그를 선택하고 복사한다.

사이트 관리　간단체크　도구 설정

사이트 소유확인

http://wordpressin1day.co.kr

사이트 소유 확인 방법을 선택하고 안내에 따라 적용한 후 [소유확인]을 클릭해 주세요.

- HTML 파일 업로드 항식을 권장해드립니다.
- 네이버 블로그 처럼 호스팅 서버에 파일 업로드 할 수 없고, 홈페이지의 HTML 태그 수정할 수 없는 사이트는 소유확인 할 수 없습니다.

○ HTML 파일 업로드
　1. HTML 확인 파일을 다운로드합니다.
　2. HTML 확인 파일을 루트 디렉터리 http://wordpressin1day.co.kr에 업로드합니다.
　3. http://wordpressin1day.co.kr/naverf1e6a8e2ed118af8c52e4b0c5e91fb0d.html을 방문하여 HTML 확인 파일이 업로드되었는지 확인해 주세요.

　자세한 설명은 도움말 및 스마트봇에게 물어보세요

◉ HTML 태그
　아래의 메타 태그를 복사해 사이트 홈페이지의 〈head〉색션에 붙여 넣어주세요.
　〈meta name="naver-site-verification" content="ae77e4dc14bcde773f853191e9f7eeacf1429794" /〉

　자세한 설명은 도움말 및 스마트봇에게 물어보세요

취소　소유확인

워드프레스의 header 수정 플러그인을 설치한다.

플러그인이 없다면 새로 설치한다.

워드프레스 관리자 ⇨ 플러그인 ⇨ 새로 추가 ⇨ 활성화

메타태그를 수정하는 방법이 다양하고, 다양한 플러그인이 있지만, WPCode Lite를 설치했다.

앞에서 복사한 코드를 플러그인 활성화하면서 생긴 Code Snippets 메뉴의 Header 영역에 입력하고 저장한다.

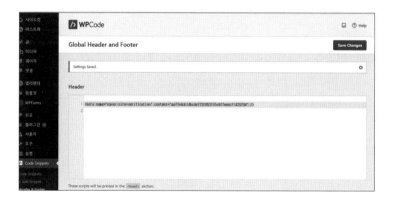

사이트 소유확인의 '소유확인'을 클릭하고 보안이미지를 입력한다.

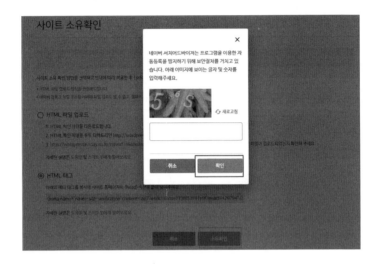

소유 확인 완료

• 네이버 서치어드바이저에 RSS, sitemap 등록하기

네이버 역시 RSS와 sitemap을 별도로 제출할 수 있다.

1.RSS제출하기

RSS URL : https:// + 등록하려는 도메인 +/rss

RSS URL을 입력하고 확인을 클릭한다.

2.sitemap 제출하기

sitemap URL : https:// + 등록하려는 도메인 +/sitemap.xml
sitemap URL을 입력하고 확인을 클릭한다.

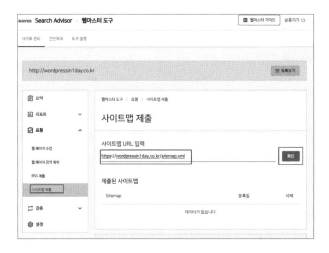

네이버 웹마스터도구는 1년마다 인증을 다시 해야 한다.

○ 다음 카카오 검색 등록하기

다음은 다음검색등록 (https://register.search.daum.net/)과 다음 웹마스터 도구(https://webmaster.daum.net/)에서 등록할 수 있다.

• 다음검색등록 하기

등록 탭의 사이트검색에 URL을 넣고 확인을 클릭한다.

개인정보 동의 후 등록정보를 입력하면 등록신청이 완료된다.

설명이 부족한 경우나 애드센스와 같은 광고가 게재되어 있는 경우 신규 등록이 거절될 수 있다.

• 다음 웹마스터 도구 등록하기

다음 웹마스터 도구는 인증을 robots.txt를 수정해야 한다. 로그인은 사이트 URL과 PIN 코드로 하는데, 사이트마다 따로 만들어야 한다. PIN 코드 발급하기는 일종의 회원가입이다. 하나의 계정으로 관리가 안 되고 사이트를 추가할 때마다 따로 따로 등록해야한다. 구글의 경우 대표도메인만 등록했을 경우 하위 도메인은 별도의 인증 없이 추가 된다.

1. 다음 웹마스터 도구에 접속한다.

https://webmaster.daum.net/login

2. 'PIN 코드 발급받기'를 클릭한다.

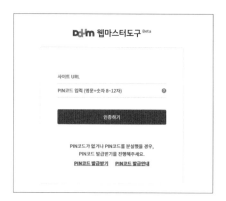

3. URL과 핀코드를 입력하고 '이용동의 확인'을 체크한 다음 확인을 클릭한다.

4. robots.txt에 사용할 코드를 복사한다.

5. WP Robots txt 플러그인을 설치하고 활성화한다.

robots.txt를 수정하기 위해서 설치한 플러그인이다.

6. settings를 클릭한다.

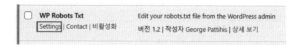

7. 3에서 복사한 코드를 추가하고 '변경사항저장'을 클릭한다.

8. 웹마스터 도구의 '로봇룰 테스트'를 클릭한다.

로봇룰 테스트가 바로
안 될 경우 캐시 플러그인
체크 하고 일시적으로 사용
을 중지하면 로봇룰 테스트
를 통과할 수 있다.

9. 확인을 클릭한다.

10. 인증시작하기를 클릭한다.

• 다음 웹마스터 도구에 RSS와 sitemap 등록 하기

정상적으로 웹마스터 도구에 등록된 경우 RSS 와 sitemap을 등록할 수 있다. 수집요청 탭에 가서 RSS와 sitemap을 등록한다.

검색엔진을 등록하는 대부분의 경우를 학습했다. 등록하지 않은 검색엔진에 직접 등록해보자. 검색엔진에 등록하는 과정은 SEO 활동 영역에서 아주 작은 부분이기 때문에 하지 않아도 크게 문제되지 않는다. sitemap은 기본으로 생성되지만 워드프레스의 SEO 플러그인이나 sitemap 플러그인을 설치하면 다른 종류의 sitemap을 쉽게 만들 수 있다. 하루 발행하는 글이 많다면 워드프레스 ⇨ 관리자 ⇨ 설정 ⇨ 읽기설정 ⇨ 가장 최근의 배급 피드 수를 조정하면 RSS에 나오는 게시물이 피드수에 맞춰 조절된다.

다음 장에서 다른 SEO 활동에 대해서 알아보자.

다양한 SEO
활동 방법

SEO는 끊임없이 수정되지만 별로 변하지 않는 SEO 요소들도 있다. 변하지 않는 것 중 하나는 검색로봇이 웹페이지를 탐색하고 정보를 수집하는 것이다. 내가 만든 홈페이지가 링크되어 있지 않다면 검색엔진은 해당 홈페이지를 수집할 수 없다. 그래서 웹페이지와 링크는 꼭 필요하다.

검색알고리즘이 변하기는 하지만, 그 알고리즘이 어떻게 작동하는지 정확히 알 수 없다. 검색엔진을 담당했던 직원만 알 수 있다. 그래서 그들을 스카웃하는 회사들이 있지만 검색엔진 회사는 알고리즘을 또 수정한다. 1년에도 수백 수천 번 수정된다고 한다. 하지만 제목, 매력적인 본문, 양질의 콘텐츠는 변하는 알고리즘에서 변하지 않는 가중치가 높은 중요한 요소이다. 제목은 검색엔진 결과페이지에서 클릭을 유도해야 한다. 그리고 최종소비자가 검색의 여정을 통해 매력적인 콘텐츠가 없다고 판단되면 빠르게 이탈되기 때문에 본문과 콘텐츠는 SEO에서 매우 중요한 요소이다. 콘텐츠를 이미지로만 만들어서도 안 된다. 이미지로 만들어진 웹사이트는 검색엔진이 해석하지 못한다. ai가 발달해서 이미지를 파악한다고 하지만 아직까진 텍스트가 중요한 요소이다. 검색엔진은 속임수를 좋아하지 않는다. 블랙햇 활동을 하게 되면 어렵게 올려 둔 검색순위가 내려 갈 수 있고, 페이지 전체가 차단될 수 있다. 프로그램을 이용한 링크 남기기, 히든 태그를 이용하기 등의 방법들이 있다. 유사한 콘텐츠가 반복돼도 스팸 사이트로 인지하기도 한다. SEO를 하려면 해야 할 것도 많고 조심해야 할 것들이 너무 많다.

◯ 온페이지 SEO

검색엔진에 잘 수집되기 위해서 내 웹사이트에서 하는 SEO 활동이다.

▸ 제목

제목에 사용할 핵심 키워드가 포함되어야 한다. 제목은 검색엔진에 모두 노출되기 때문에 어느 정도 길이도 있어야 한다. 제목은 검색결과에 모두 노출되기 때문에 매력적인 제목을 만들어야한다. 예를 들면 이런 것들이 있다.

제목에 호기심을 유발해야한다. '~하는 n가지 방법', 'n분만에 확인 가능한 ~', '~에 ~하는 꿀팁', '모기에 안 물리는 방법', '디자이너가 자주하는 실수 n 가지', 이러한 제목들은 포털에 등록된 기사

제목을 보고 정리해 두거나 커뮤니티에 조회 수가 높은 글들의 제목을 정리해 두는 것도 좋은 방법이다.

제목태그, 해딩 태그

〈H2〉,〈H3〉 태그와 같은 태그를 적절히 사용해야한다. 키워드가 적당히 포함되어 있어야한다. 제목태그를 사용하면 연관키워드가 분산되고 검색엔진의 스니펫에 적용될 확률이 올라간다. 페이지의 제목은 〈h1〉으로 사용되며, 제목태그는 본문에 사용되는 제목이다.

연관키워드를 소제목으로 사용하면 좋다. 블록편집기에서 제목을 사용하면 H2 , H3 태그가 적용된다.

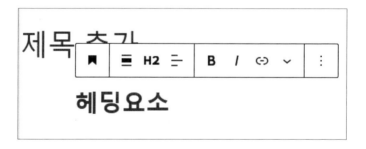

메타태그

메타태그는 검색엔진을 위한 tag이다. 페이지를 소개하거나 , 키워드, 특성이미지 등을 설정할 수 있다. 페이지 설명을 위한 메타 디스크립션, 트위터카드와 오픈그래프 역시 메타태그이다. 메타태그를 설정하지 않으면 콘텐츠에 맞지 않는 태그가 생성되기 때문에 내가 원하는 메타태그를 정리 하는게 좋다. HTML tag에서

〈head〉〈/head〉에 포함된다. SEO 플러그인 사용할 경우 자동으로 메타태그가 작성된다. 그리고 별도로 지정할 수 있다.

본문

본문에 너무 많은 키워드를 사용하는 것보다 페이지를 분리하는 게 더 효과적이다. 키워드가 너무 많이 등장하면 페널티가 발생할 수 있다. 콘텐츠에 같은 키워드를 반복적으로 사용하는 걸 키워드 스터핑이라고 한다. 이를 피하기 위해서 메타태그나 이미지 대체 텍스트 같은 곳에 키워드를 분산할 수 있다.

URL 구조

URL에 키워드가 포함되어야 하지만 한글의 경우 주소에 인코딩 과정이 생기기 때문에 URL이 길어진다. 이럴 땐 워드프레스의 퍼마일 기능을 이용하여 고유주소를 변경할 수 있다. 주소에 언더바(_) 보다는 대쉬(-)를 사용해야 한다.

보안서버 SSL / HTTPS

워드프레스에서 인증서 설치는 간편하다. 플러그인을 사용해도 되고 클라우드 웨이즈 호스팅을 이용할 경우 SSL을 간편하게 무료로 설치할 수 있다.

이미지에 대체 텍스트 사용하기 (ATL)

이미지 설명이 충실하면 검색결과에 더 많이 노출될 수 있다. 이미지가 로딩이 안 될 때 대체하여 보여주는 텍스트였지만, 키워드가 포함되면 좋다.

페이지 로딩 속도

빠르면 좋지만 너무 느리지만 않으면 된다. 서버의 응답이 느리면 검색엔진도 색인을 위한 크롤링을 포기한다. 그리고 최종 사용자 역시 기다리다가 나가버린다. 2000년 초반엔 느린 서버가 많이 있었기 때문에 중요한 이슈였지만 서버에 가용 자원이 충분하다면 고민할 이슈는 되지 않는다. 너무 많은 트래픽이나 부하로 느려지지 않도록 관리하면 된다. 워드프레스는 DB커넥션 풀 관리가 잘되어 있기때문에 DB 커넥션으로 인한 속도 저하는 없는 편이다.

잘못된 스크립트를 사용하거나 버전이 호환되지 않는 스크립트를 사용하면 오류가 생겨 느려질 수 있다. 로딩 속도는 크롬 브라우저에서 lighthouse를 이용하면 별도의 프로그램이 없어도 점검할 수 있다.

Lighthouse는 구글에서 개발한, 웹 페이지의 품질을 개선할 수 있는 오픈 소스 형태의 툴이다. 사이트의 성능, 접근성, SEO 등에 대한 전반적인 진단을 할 수 있다.

모바일 최적화

절반 이상의 사용자들은 모바일 디바이스에서 접속해서 사용한다. 모바일 최적화는 모바일 기기에 맞게 최적화하는 것을 말한다. 모바일 디바이스에서 보기에 불편하다면 최종 사용자들이 빠르게 이탈된다. 반응형 디자인, 이미지 최적화 등을 해야 한다.

이러한 요소들을 모두 체크하여 홈페이지를 만들기는 어렵다. 다행히도 워드프레스에는 이러한 요소들을 체크할 수 있는 플러그인이 있다. 'Rank Math SEO', 'All in One SEO', 'YOAST SEO' 같은 플러그인이다. SEO 플러그인을 사용하면 키워드를 주제로

글을 작성할 때 온페이지 SEO의 여러 부분을 자동으로 체크 해준다. 페이지나 글을 작성할 때 사이드바의 체크리스트를 보고 분석할 수 있다. SEO 글 작성이 익숙하지 않다면 1개 정도는 꼭 설치해야 한다.

하나하나 적용하다 보면 위의 온 페이지 SEO의 대부분의 것들이 해결된다. 이 모든 체크를 SEO 플러그인으로 검토할 수 있다. 워드프레스에는 공기처럼 쉽게 해결되지만 다른 홈페이지에서는 별도의 툴을 이용해 검토해야 한다.

• 오프페이지 SEO

내 홈페이지가 아닌 다른 웹사이트에서 이뤄지는 최적화 작업이다. 백링크, SNS 공유하기와 같은 활동이 대표적이다. 가장 중요한 부분은 내 홈페이지 또는 내 홈페이지의 페이지 링크가 신뢰성 있는 웹사이트에 얼마나 링크되어 있는가이다. 내 도메인을 링크할 수 있는 곳 어디든 알리는 게 좋다. 하지만 스팸으로 등록된 사이트에 내 홈페이지가 링크되어 있다면 SEO에 좋지 못한 영향이 생긴다.

링크 남기기 (백링크)

다른 웹사이트에서 내 홈페이지로의 연결되는 링크를 백링크라고 한다. 백링크로 유입이 되면 트래픽이 증가되고 좋은 양질의 콘텐츠일 경우 내 홈페이지의 체류시간 또한 증가된다. 만약 정말 내가 만든 콘텐츠가 가치가 있다고 생각되면 사람들은 내 홈페이지나 페이지의 링크를 다양한 곳에 공유하기 시작한다. '다른 곳에서 내 홈페이지를 언급해 주는 것'은 검색엔진이 그만큼 가치가 있다고 판단한 것이라고 할 수 있다. 내가 아무리 "난 착해요"라고 말하는 것보다 다른 사람을 통해 평가 받는 것이 나은 상황과 비슷하게 생각할 수 있다. 선한 영향력으로 전파된 링크는 긍정적 효과가 크다.

이러한 백링크를 내가 직접 할 수 있는 방법들이 있다. 온라인 언론사에 보도 자료를 제공하여 수만 원에 기사를 발행할 수 있고, 커뮤니티에 내 홈페이지의 내용을 잘 정리해서 정보성 글처럼 게재할 수 있다. 유튜브 채널을 만들어도 된다. 채널에 동영상이 1개 밖에 없어도 상관없다. 유튜브에 내 링크를 남기거나, 구글의 플랫폼에 매우 유의미한 내 링크를 하나 남겨도 좋다. 썸네일을 만들어서 무료 음악을 이용한 영상만 만들어도 동영상 콘텐츠 1개는 탄생한다.

내가 하는 일은 내가 가장 잘 안다. 그들에게 어떤 도움을 줄 수 있는 정보도 많이 있다. 부동산 홈페이지의 경우 포럼페이지를 만들어서 '월세 중도 해지했을 때 복비를 어떤 방법으로 치리하는지', '전세사기 방지하는 방법', '좋은 집 구하는 방법' 등의 정보를 포스팅 할 수 있다. 안과의 경우도 '시력교정수술의 종류, 차이, 가격, 시술방법' 등을 포스팅 할 수 있다. 야채를 파는 곳은 좋은 야채, 맛있는 과일 맛있게 먹는 법, 효능, 효과 등을 포스팅 할 수 있다. 이런 정보들을 잘 가공해서 카페나 커뮤니티에 정보를 주면 자연스럽게 백링크 활동을 할 수 있다. 홈페이지는 이렇게 한 번 만들고 끝이 아니라 지속적으로 성장시켜야 한다. 만약 외주를 통해 홈페이지를 만들었다면 이런 활동을 기대하기 어렵다.

편법으로는 검색엔진에서 '백링크' 라고 검색하면 백링크를 대신하여 검색엔진 순위를 올려준다는 내용을 볼 수 있다. 백링크를 자동으로 해주는 프로그램 또한 판매 중이다. 그들이 하는 링크에 대해서 설명을 잘 듣고 믿을 만한 곳에 링크를 남겨 준다면 진행해도 되지만, 그들이 등록되는 웹사이트에 스팸 사이트가 같이 등록된다면 이용하지 않아야 한다. 일시적인 효과는 있지만 시간이 지나면 내 홈페이지가 얼마 되지 않아 스팸으로 구분될 수 있다. 백링크와 스팸지수 등은 별도의 웹사이트에서 확인할 수 있다. 스팸지수가 높은 도메인의 백링크가 남겨진 곳을 같이 이용할 때는 이익보다는 불이익이 더 크다.

스팸지수 확인하는 곳 : https://checkpagerank.net/
백링크 체커 : https://ahrefs.com/backlink-checker

백링크는 정말 중요한 요소다. 하지만 영향력은 점점 줄고 있다. 2000년 초반엔 백링크만 잘해도 상위에 랭크되었지만, 지금은 백링크만으로는 웹사이트 상위권에 올리긴 어렵다. 콘텐츠 트래픽과 백링크가 적당히 조화가 되어야 한다.

비즈니스 매장 등록하기

각 검색엔진마다 홈페이지를 검색등록이 아닌, 별도로 등록하는 페이지들이 있다. 등록 가능한 모든 곳에 내 홈페이지를 등록하도록 하자. 구글의 비즈니스 프로필(https://business.google.com/), 네이버의 스마트 플레이스(https://smartplace.naver.com/), 다음카카오의 카카오 매장(https://mystore.kakao.com/) 에 내 홈페이지를 등록할 수 있다. 공신력 있는 검색엔진에서 등록하라고 만든 공간이다. 당연히 꼭 해야 하는 SEO 활동 중 하나다. 그곳에 등록되면 별도의 검색결과에 노출이 된다. 티맵, 카카오내비 같은 곳에도 내 홈페이지를 노출시키는 공간이 있다.

SNS 활동

SNS는 내가 만들어 활동할 수 있는 영역이다. 페이스북, 인스타, 트위터 등에는 링크를 남길 수 있는 공간이 꼭 있다. 최근에 유튜브의 경우 커뮤니티라는 공간이 생겼고 커뮤니티가 활성화 된 채널은 구독자 수 이상에게 피드가 된다. SNS의 꾸준한 활동은 긍정적인 활동이다. 그래서 워드프레스에는 SNS를 쉽게 배포해 주는 플러그인들이 있다. SNS를 통해 배포된 내 홈페이지 링크는 트래픽 증가 요인이 된다.

SEO 활동의
편법과 정석

SEO 활동의 편법에는 홈페이지 푸터 영역에 내가 관리하는 홈페이지 링크 연결시키기, 다른 웹사이트에 흰색 바탕에 흰색 글씨로 링크 남기기, DIV태그를 이용하여 보이지 않는 상태로 링크 남기기, 백링크 프로그램을 이용하여 링크 발행하기, 트래픽 프로그램을 이용하기 등등의 다양한 방법이 있다. 이런 방법이 검색엔진 상위노출의 특효약처럼, 정말 대단한 방법처럼 노하우를 판매하는 사람들도 있다. 실제 효과는 있을 수 있지만 그렇게 오래 가지 못한다. AI 기술이 보편화되기 전에 쿠팡파트너스 활동으로 수십만 개의 글을 워드프레스를 통해 발행한 적이 있다. 그리고 프로그램을 이용해 만 개 이상 백링크를 해보기도 했다. 백링크만으로 순위는 상승했었다. 처음엔 꼼수로 편하게 작성한 글들이 검색 순위 상위에 노출되는 것을 보고 '이거다' 생각했지만 검색엔진이 검색 결과에서 삭제되었다. 아무래도 프로그램으로 대량 발행하다 보니 일정한 패턴이 있었고, 이를 파악한 것이다. 검색엔진 가이드를 통해 원인을 찾아보니 대량 발행된 글들에 대하여 스팸 처리하겠다는 발표가 있었다. 그리고 점점 스팸을 분석하는 능력이 더 정교해지고 있다. 이와 반대로 편법 행위보다는 정성을 다해 만든 쿠팡 파트너스 활동 페이지는 그대로 잘 남아있고, 검색을 통한 유입이 지속적으로 되고 있다. PBN(Private Blog Network) 같은 블랙햇 편법은 백링크가 많으면 좋은 콘텐츠라고 인식되고, 좋은 콘텐츠는 순위가 오른다는 이론에서 시작된 것이다. 매력적인 콘텐츠는 빠지고 백링크만 많으면 순위가 상승한다는 것인데, 이를 이용하는 사람들이 많아지자 검색엔진도 역시 백링크 가중치를 조금씩 내리고 좋은 콘텐츠의 평가를 SEO 가중치에서 확대하고 있다.

그리고 정성 가득하게 SEO 활동을 통해 성장시킨 홈페이지의 도메인은 당근마켓의 온도처럼 DA(Domain Authority : 도메인 권위)라는 것도 상승하게 된다. DA가 높은 도메인은 글을 작성할 때마다 검색엔진 상위에 올라갈 확률이 높다. DA가 높은 경우 글 작성 후 검색엔진이 색인해 가는 주기가 짧아진다. 처음에 2주가 넘게 걸린 색인 기간이 절반으로 줄어들게 되고, 점점 더 빨리 색인해 간다. 많은 신뢰를 받은 도메인은 검색엔진의 신뢰를 바탕으로 빠르게 색인되고, 상위 노출될 가능성이 좀 더 증가된다. 이런 SEO 활동은 유기적으로 모두 연결되어 있다. SEO 활동을 한 번에 모두 하긴 어렵다. 요일을 나누거나 달을 나눠서 계획적으로 진행해야 한다.

월요일 : 키워드 찾기+경쟁도 분석

실제 고객에 검색하는 키워드를 확인해야 한다. 외식업체의 경우 '고기 맛집', '해장국'이라는 키워드 보다는 '@@동 회식장소', '@@동 아이랑 가볼만한 곳'과 같은 키워드로 검색을 한다. 아이 옷을 파는 홈페이지라면 '아동복', '유아복'이라는 키워드보다는 '돌선물', '4살 여자아이 드레스', '4살 여아 옷' 같은 키워드를 사용할 때 좀 더 효과적이다. 조회 수는 얼마 되지 않더라도 해당 키워드는 구매전환이 높고 소비자들이 정말 궁금해 하는 키워드이다. 이런 키워드를 발굴하고 경쟁도를 분석해야 한다.

화요일 : 웹사이트 글 분석과 수집 글 작성

경쟁 홈페이지를 참고하고 글을 수집해야 한다. 처음부터 글을 작성하는 건 매우 어렵다. 최소 3개 이상의 글을 보고 패턴을 찾아보자. 글에 목차도 설정해야 하고 글에 들어갈 이미지도 찾아야 한다. 장단점이 눈에 들어온다. 어느 정도 목차를 만들고 글을 작성해보자.

목요일 : SEO에 맞춰 수정하기 + 꾸미기

글 작성 후 온페이지 SEO 활동을 진행하면 검색엔진에서 상위에 올라가거나 스니펫 영역을 차지할 수 있다. 조금 귀찮은 작업이자만 스니펫 영역을 선점한다면 자연 유입은 매우 효과적이다. 본문을 기초로 메타태그와 태그 카테고리를 정리하도록 하자.

금요일 : SNS와 커뮤니티에 배포하기

잘 만들어진 글을 배포해야 한다. 작성된 글이 검색엔진에 빠른 색인을 위해서 커뮤니티나 SNS에 배포하면 빠른 색인이 된다. 그리고 좀 더 신경 쓴다면 클릭을 유발하기 좋은 썸네일을 만들고 동영상을 배포할 경우 각 검색엔진의 상위에 올라갈 확률이 올라간다.

단순히 글만 작성하는 것이 아니라 목표를 세우고 콘텐츠를 만들며 다양한 곳에 배포해야 한다. 필요에 따라서 SNS나 검색엔진의 유료 광고를 진행하는 것 역시 SEO에 도움이 된다. SEO는 인내가 필요한 작업이다. 이런 SEO 활동을 생각하지 않고 홈페이지를 만들면 브로슈어 같은 단순한 홈페이지가 된다. 아직까지도 그렇게 홈페이지를 제작해 주는 회사가 많이 있다. 홈페이지를 단순하게 '내 상품 소개만 하면 되지' 정도로 생각하고 만들게 된다면 알맹이가 없는, 이미지만 잔뜩 들어간 웹사이트가 되고 만다. 이미지로만 만들어진 웹사이트는 온페이지 SEO 활동을 하기도 어렵고, 반응형 디자인 최적화를 할 수 없다. PC에서는 잘 보이지만 모바일에선 보기 불편하다면 최종 소비자는 빠르게 이탈된다. 워드프레스의 블록편집기나 페이지빌더를 이용한다면 보다 쉽게 양질의 콘텐츠를 만들 수 있고, 반응형 최적화도 비교적 쉽게 할 수 있다.

홈페이지 + SEO

 SEO 활동에 따라 검색 결과는 매우 다르게 표현된다. 검색 결과에 순위를 올리는 것도 목표지만, 검색 결과에 좀 더 많은 정보가 보이게 하는 것 역시 중요하다. SEO 활동은 결과물이 눈에 보이는 영역이 아니기 때문에 홈페이지를 만들 때 무시 되는 경우가 많이 있다. SEO 활동을 하게 되면 검색 결과에 따른 결과물이 나오게 된다. 공공기관 홈페이지를 통해 확인해보자.

자주찾는 서비스 - 홍천군청
퀵 메뉴. 메인 소식·민원 홍천 NOW 여행정보. HONGCHEON. 팝업존. 이전 정지 다음. 팝업 모아
보기. 이전 다음. 강원도형 간편 온라인 상점지원 사고팔고 qr ...

행정조직도 - 조직안내 - 홍천 소개
행정과. 행정; 서무; 노사협력; 교류협력; 정보화; 데이터통계; 정보통 ...

홍천군 채용공고
상세 붙임파일을 모바일 화면에서 보기 어려웠던 점을 개선, 홍천군 ...

고시/공고
홍천군 고시/공고 게시판은 직원들이 직원내부시스템에서 올린 고시 ...

일반채용
반복적 게시물, 개인정보(휴대폰번호 등) 등은 관리자에 의해 통보없 ...

hongcheon.go.kr 검색결과 더보기 »

홍천군청을 검색 결과 페이지이다. 다양한 정보들이 검색결과
에 노출되고 있다.

반면 영월군청의 경우 보이는 정보가 매우 적다.

홍천군청 웹사이트는 해딩 태그가 적절히 되어 있고 파비콘까
지 적용되어 있다. 검색 결과에서 풍부한 정보가 검색되기 때문에
웹사이트에 클릭하여 방문하기 전부터 많은 정보가 있다는 생각
이 든다. 영월군청과 홍천군청에서 같은 정보를 공지했다면 SEO

작업이 좀 더 잘된 웹사이트의 정보가 상위에 노출될 확률이 높다고 볼 수 있다. 홍천군청은 검색엔진을 위한 태그가 존재하기 때문이다. 홈페이지 SEO 활동을 해야 하는 이유다. 검색을 했을 때 정보가 없는 경우와 뭐라도 있는 경우에 따라 이미지는 달라진다.

SEO는 한 번 세팅만 잘하면 알아서 방문자는 알아서 찾아온다. 홈페이지를 만드는 것에서 끝나는 게 아니라 만든 후 지속적인 관리를 해야 한다. 키워드 역시 지속적으로 찾고 콘텐츠를 생성해서 1명의 사용자라도 더 방문하도록 해야 한다. 고객이 검색할 만한 롱테일 키워드를 발굴해서 페이지를 만들고 알리고 배포하는 과정은 홈페이지를 만든 후 해야 하는 일이다. 기획단계에서 시작하면 좋겠지만 처음부터 다하긴 어렵다. 콘텐츠가 모이면 상위 노출될 확률 역시 올라가고 방문자가 늘고 결국 매출도 늘게 된다. 검색엔진의 상위를 선점한 등록이 되면 다른 웹사이트는 몇 배의 노력을 해야 순위가 변경된다. SEO 활동을 외주를 주는 것도 방법이지만 SEO 트릭을 사용하는지 정석대로 하는지도 알기 어렵다. 그리고 눈에 보이지 않고 결과물을 바로 확인하기도 어렵다. 그래서 직접 해야 한다. 홈페이지 모양이 조금 부족해 보여도 SEO 활동을 같이 한 홈페이지는 결국 매출 상승에 도움이 된다.

SEO 전략을 활용해서 홈페이지를 검색엔진에 잘 노출시키고 웹사이트에 블로그까지 운영해 보자. 기업이 소유하고 있는 미디어를 온드 미디어(Owend Media)라고 하는데 워드프레스는 이를 클릭 한 번에 만들 수 있다. 내 홈페이지에 있는 블로그 기 때문에 다양한 정보를 제공할 수 있다. 최종소비자가 블로그 글을 보게 된다면 내 웹사이트의 신뢰도 역시 상승하게 된다. 그리고 구글의 검색

센터만 해도 블로그를 운영하고 있다. 검색센터의 중요한 업데이트와 사소한 이야기도 모두 블로그에 등록되고 있다. 흥미로운 이야기는 가서 살펴보기도 하고 글 몇 개 확인했을 뿐인데 좀 친숙해지는 느낌이다. 이렇듯 홈페이지에 블로그, 포럼의 운영은 엄청난 장점들이 존재한다. 식당의 경우 '어디서 어떤 자재를 공급받고 있어요.', '주말 농장 하는 텃밭에서 무공해로 재배하는 상추 이야기', '오늘은 매우 유명한 사람이 왔어요.'와 같은 포스팅을 해보자. 자신이 하는 일과 관련된 이야기를 하나씩 정리하다 보면 포스팅할 거리가 넘친다. 이런 정보는 홈페이지를 운영하는 운영자만 알 수 있는 내용이고, 방문자의 일부는 충분히 궁금한 사항이다. 포스팅된 내용을 기초로 메인페이지 역시 자유롭게 수정할 수 있다.

만약 홈페이지를 다른 사람이 만들었다면 SEO 활동이 없어 노출에 매우 고민하게 된다. 그리고 홈페이지의 유입을 광고유입만 하게 되어 상당한 비용을 지출하게 된다.

당연히 온드미디어는 꿈도 꿀 수 없다. 조금은 어렵지만 직접 내 손으로 만든 홈페이지는 수백 수천만 원의 비용을 절약할 수 있다.

8장

수익화 노하우

웹사이트를 제어할 수 있는 능력이 있
다면 다양한 수익 활동을 할 수 있다. 홈페이지를 만
들어 주거나, 웹사이트를 통해 광고를 해주고 수익
을 올릴 수도 있다. 그리고 내가 운영하는 웹사이트
에 글을 작성해주고 대가를 받을 수도 있다. 광고주
와 퍼블리셔들을 이어주는 회사로는 텐핑, 애드센
스, 데이블, 리얼클릭 등이 있다. 대행사가 없이 바로
고객을 모집해 주는 아마존, 알리익스프레스, 쿠팡
과 같은 회사들도 있다. 이외에도 뉴스픽, 네이버 애
드포스트, 카카오 애드핏 등이 있고 해외에도 이러
한 회사들이 많이 있다.

쿠팡 파트너스로
월 300만 원 부수입

Q 셀파스의 탄생

쿠팡파트너스를 시작한 건 2019년도부터였다. 네이버 블로그에 후기를 남기고 "여기서 구매했어요." 하는 링크 하나 남겼는데 놀랍게도 수익이 발생했다.

하루에 방문자 4~5천 명 정도 되었다. 글을 발행할 때마다 수익은 점점 더 늘기 시작했

정산월	회원ID	구매 건수	취소 건수	구매 금액	취소 금액	합산 금액	수익	정산 상태	
2020. 7.	AF17████1			₩597,549,240	-₩16,815███	₩60,729███	₩2,421,689	정산 진행	자세히
2020. 6.	AF17████1			₩141,890,860	-₩23,206███	₩118,684███	₩3,503,370	정산 진행	자세히
2020. 3.	AF17████1			₩635,849,285	-₩238,84███	₩597,005███	₩18,294,517	정산 진행	자세히
2020. 2.	AF17████1			₩346,412,686	-₩70,05███	₩276,361███	₩6,427,061	정산 진행	자세히
2020. 1.	AF17████1			₩189,363,738	-₩27,10███	₩162,155███	₩4,935,394	정산 진행	자세히
2019. 12.	AF17████1			₩133,891,088	-₩19,17███	₩114,713███	₩4,049,745	정산 진행	자세히
2019. 11.	AF17████1			₩83,917,820	-₩13,83███	₩70,064███	₩2,153,826	정산 진행	자세히
2019. 10.	AF17████1			₩42,640,676	-₩7,09███	₩35,543███	₩1,066,581	정산 진행	자세히
2019. 9.	AF17████1			₩13,904,820	-₩1,666███	₩12,243███	₩374,972	정산 진행	자세히
2019. 8.	AF17████1			₩967,210	-₩16███	₩803███	₩24,206	정산 진행	자세히
2019. 7.	AF17████1			₩106,500		₩106███	₩3,195	정산 진행	자세히
2019. 6.	AF17████1			₩31,739		₩31███	₩2,542	정산 진행	자세히

다.

　하루 일과는 점심 이후 발표되는 수익 발표가 너무 너무 기대가 되었다. 그래서 더 많은 수익을 창출하기 위해서 쿠팡파트너스에서 제공하는 '파트너스API'를 이용해서 큐레이션 하는 형태의 자동화 프로그램 만들었다. 그 결과, 쿠팡파트너스 포스팅 하는 시간이 매우 단축되었다. 더 많은 글을 작성할 수 있었고 수익은 더 많이 증가했다.

　단순하게 기능만 작동하는 웹 프로그램이었지만 공개하고 무료로 사용할 수 있도록 했다. 많은 사람들이 이 프로그램을 사용하며 쿠팡파트너스 수익을 창출했었다. 프로그램은 JAVA와 maria DB로 만들었고, 서버는 사용 중이던 시놀로지 나스를 이용했다. 고사양의 서버는 아니지만 최적화된 탓에 많은 사용자가 이용해도 사용할 만했다. 순수하게 만든 프로그램이라 백링크를 넣는 꼼수는 없었다.

매뉴얼도 없는 불편한 프로그램이었지만 사용자들이 매뉴얼도 만들고 요청도 생기면서 조금씩 기능이 추가되기 시작했다. 주변에 한 명 두 명 조금씩 알려주다 그들의 요청으로 네이버에 카페를 만들었고, 프로그램 사용방법이나 쿠팡파트너스를 잘하는 방법에 대해서 공유를 했었다.

카페 이름이 '쿠팡파트너스(제휴마케팅)로 월 300 벌기'로 했는데 쿠팡 쪽에서 쿠팡이 들어가면 안 된다고 해서 이름을 '제휴스쿨'이라는 이름으로 카페 이름을 변경했다. 쿠팡파트너스가 '제휴마케팅'이므로 '제휴'를 알려 주는 성격의 카페라서 '스쿨'이라는 이름을 결합했다.

사용자들이 지어준 프로그램 이름이 바로 '셀파스'였다. 하지만 무료로 공개한 프로그램이라 일부 사용자들은 불법 프로그램으로 의심을 하기도 하고 다양한 이슈 때문에 공개 버전사용을 종료했다. "키워드를 수집해서 사용한다.", "백링크가 있어서 셀파스 운영자가 득을 본다.", "시간당 10회의 제한이 있는 API의 데이터를 모아서 개별 상품을 포스팅 한다" 등의 이유였다. 정말 저사양의 서버라서 DB를 수집하거나 API 결과물을 저장하기엔 무리가 있었다. 유료가 아니고 무료였기 때문에 최대한 가볍게 만들었다. 수백 명이나 되는 사용자의 DB를 추적하고 보관하기엔 서버의 성능 부족으로 모두 생략해야만 했다. 만든 당사자 역시 같은 서버에 접속해서 사용해야 했기 때문에 '셀파스'는 정말 가벼워야 했다. 유료로 만들어서 판매하려면 사용자 ID도 관리해야 하고 로그도 관리하고, 버그에 정말 빠르게 대응해야 하며, 추가되는 요구사항이 생기면 매번 업데이트를 해야 하지만, 무료로 공개했기 때문에 정말 필요한 업데이트가 아니면 수정하지 않았다.

○ 검색엔진 스팸과의 전쟁

셀파스와 같은 프로그램이 많이 생겼다. 비슷한 프로그램을 유료로 판매하는 개발자도 생기고, 유료 강의를 판매하는 곳에서 비슷한 프로그램을 이용한 포스팅하는 방법을 대대적으로 강의를 하기 시작하면서 조금씩 문제가 발생하고 있었다. 비슷한 패턴의 글이 반복적으로 대량 발행되었다. 유사한 상품 포스팅이 계속되고 상품 키워드로 검색엔진에서 검색하게 되면 쿠팡 홍보성 글이 너무 많이 검색되었다. 그 결과 유사한 형태의 포스팅이 된 웹사이트나 블로그들이 검색에서 제외되었다. 모든 쿠팡파트너스 콘텐츠가 문제가 된 건 아니다. 역시 정성스럽게 잘 작성된 콘텐츠는 잘 살아 남아 있었다. 하지만 빠르게 글을 작성하려는 욕심 때문에 대부분 비슷한 포스팅을 하게 되고, 많은 사람들이 유사한 프로그램을 사용하면서 특징이 없는 대량 배포된 홍보성 글들은 검색엔

446

진에서 조금씩 사라졌다.

○ 쿠팡파트너스 하는 법

• 시작하는 법

먼저 쿠팡(https://www.coupang.com/)에 가입해야 한다. 쿠팡에 가입했다면 쿠팡파트너스(https://partners.coupang.com/)에 가입해야 한다.

쿠팡파트너스에서 배너 또는 상품 링크를 만든다.

만든 링크를 이용하여 웹사이트나 SNS, 카페에 홍보하면 된다.

　누군가 링크를 통해 상품을 구매하면 구매금액의 일정비율이 링크를 만든 사람에게 수수료로 지급된다.

　여기까지가 쿠팡파트너스 수익내기의 기본 방법이다. 쿠팡파트너스 회원가입 후 링크를 만들어서 홍보하면 끝.

○ 주의사항

　쿠팡파트너스엔 몇 가지 주의사항과 규칙이 있다.

1) 공정위 문구 입력

　주의사항은 꼭 '이 포스팅은 쿠팡 파트너스 활동의 일환으로, 이에 따른 일정액의 수수료를 제공받습니다.'라는 문구를 포함해야 한다.

공정위 문구를 표시하지 않을 경우 경고 메일을 받게 된다.

2) 채널등록

쿠팡파트너스 ⇨ 계정관리에서 활동하는 채널에 대해서 모두 등록해야 한다.

3) 지인구매 금지

배송주소가 같은 경우 수익화 링크를 이용해 구매하면 안 된다.

4) 최종승인

쿠팡파트너스를 너무 빨리 하고 싶어도 최종 승인이 안 된 상태에서 활동하는 건 조심해야 한다. 쿠팡파트너스 회원 가입 후 활동 매출 '15만 원'을 달성하면 3일 이내로 순차적으로 확인 과정을 거쳐 최종승인이 된다. 최종승인을 받아야만 수익금을 지급받을 수 있기 때문에 승인 메일이 올 때까지 조금 기다리자.

5) 활동 금지 사이트에서 활동하기

활동금지사이트를 공지하고 있다.

중고거래를 하는 플랫폼에 상품을 올리고 쿠팡파트너스 링크를 등록한 사용자들도 있고, 댓글에 쿠팡파트너스 링크를 남기고 공백을 주어 다른 사람 댓글을 못 보게 하는 행위가 있었다.

6) 플로팅 배너 주의

플로팅 배너를 이용해 방문자 오클릭을 유도하는 행위인데 x 버튼이 포함되어야 한다.

새로운 규칙과 주의사항이 쿠팡파트너스 공지사항에 공지되고 있다. 편법을 통한 행위들은 대부분 금지되어 있다.

공지사항에 활동 준수사항이 지속적으로 추가되고 있다.

○ 쿠팡파트너스 수익내기의 모든 것

쿠팡의 방법은 링크를 만들고 배포만 하면 된다. 블로그, 네이버 카페, 지식인, 커뮤니티 등 모든 플랫폼에, 모든 곳에 배포하면 된다.

• 네이버 블로그

쿠팡 제품을 추천하는 포스팅을 하여 수익화할 수 있다. 시간은 조금 걸리지만 정성스러운 포스팅을 하고 저품질에 대한 개념을 조금 알면 꾸준한 수익 창출을 할 수 있다. 알려진 꼼수로는 쿠팡 URL을 외부 도메인을 이용하여 변경하는 방법, 같은 상품의 다른 곳(다른쇼핑몰)의 리뷰를 보고 조합해서 후기를 작성하는 방법, 이미지 URL을 변경하는 방법 등을 사용하는 기법들이 유행했다. 하지만 결국 네이버 검색엔진에 대부분 걸러지고 검색결과에 포스팅 글들이 누락됐다. 가장 권장하는 방법은 내가 등록할 키워드의 경쟁도를 찾고, 신뢰성 있는 콘텐츠를 제공하는 것이다.

• 네이버 카페

네이버 카페에 모이는 트래픽이 정말 엄청나다. 네이버 카페로 쿠팡파트너스 수익화 하는 방법은 쿠팡 제품의 글을 포스팅하거나 댓글을 남기는 정도가 된다. 쿠팡 주의사항에 활동하지 않아야 하는 카페 리스트가 있다. 꼼수로는 새벽 시간에 글을 남기고 관리자가 관리할 시간에 지우는 방법도 유행했었다. 쿠팡에서 과도한 트래픽이 생길 경우 트래픽 유입에 대하여 소명하라고 오는 경우도 있다. 소명하지 못할 경우 수익금 지급이 중지된다. 글을 작성하고 삭제해야 하는 카페 활동은 주의가 필요하다. 카페 또는 아이디 품질이 좋은 경우 검색엔진 포털 1면에 노출되기도 한다.

• 지식인

질문에 답변을 하고 쿠팡 링크를 남기는 경우다. 생각보다 많은 사람들이 하고 있으며 지식인의 경우 상위 노출되는 질문이 주기적으로 변경되기 때문에 많이 남겨두면 유리하다.

검색 키워드에 나오는 지식인 질문을 모두 열어서 댓글 또는 답글을 남기면 된다. 몇 개의 키워드만 살펴보더라도 많은 사람들이 지식인 활동을 하는 것을 알 수 있다.

• 워드프레스 블로그

워드프레스의 경우 하나의 블로그에 관련 포스팅을 할 수도 있고 한 개의 키워드마다 관련 웹 사이트를 만들 수 있다. 워드프레스에 3~4개 페이지에 메뉴를 만들면 전문 웹사이트처럼 된다. 골프 용품을 포스팅을 하기 위해서 골프 전문 웹사이트를 만드는 것도 좋은 전략이다. 취미는 온라인으로 많은 정보를 찾아 보기 때문에 매우 좋은 키워드이다. 육아 관련 정보성 콘텐츠를 만들면서 육아 관련 상품을 홍보하는 것 역시 좋은 방법이다.

• 커뮤니티 + 다음 카페 + 네이버 밴드

주의사항에 커뮤니티 활동에 대해서 제한을 하고 있다. 커뮤니티에 글을 작성하기 전에 꼭 체크해야 한다. 소비자들은 특정 커뮤니티에서 머무는 시간이 생각보다 많이 있다. SNS를 통해 지인들을 소식을 보기도 하고 커뮤니티를 통해 뉴스를 접하기도 한다. 동영상 콘텐츠를 즐겨 보지 않는 사람들은 아직도 커뮤니티에서 많은 시간을 보낸다. 그리고 생각보다 많은 커뮤니티가 있다. 디시인사이드, 에펨코리아, 뽐뿌, 루리웹, 더쿠, 인벤, 엠팍, 웃긴대학, 보배드림과 같은 커뮤니티 말고도 소그룹 커뮤니티가 정말 많이 있다. 커뮤니티에서 쿠팡파트너스 하는 방법은 네이버 카페 활동 방법과 유사하다. 상품을 홍보하는 글을 남기거나 댓글에 추천하면 된다. 다음카페의 경우 한국에서 BTS보다 영향력이 있는 임영웅 팬 카페가 바로 다음에 있다. 하루 방문자만 해도 30만이 넘는다. 그리고 다음카페의 경우 다음 1면에 검색이 잘되는 편이다.

• 영상 콘텐츠

영상 콘텐츠를 만드는 경우다. 최근에 주변에 영상 콘텐츠를 만들어 쿠팡파트너스를 시작하는 지인들이 늘고 있다. 하루 1개씩 영상을 만들어서 다양한 플렛폼(릴서, 숏츠, 틱톡)에 업로드하고 있다. 숏폼 사용자들이 늘고 알고리즘에 의해 수익이 우상향하고 있다.

• 기타

잘 만들어진 웹사이트나 포스팅을 검색엔진이나 커뮤니티에 광고 캠페인을 만들거나, 사용자가 모이는 플랫폼이라면 모두 쿠팡 파트너스 활동을 할 수 있다. 아직도 새로운 플랫폼이 출시되고 있다. 3일만에 1억 사용자를 모은 스레드 역시 새로운 쿠팡파트너스 활동 무대가 될 수 있다.

  모두 다 잘하긴 어렵지만 잘 만든 웹사이트 하나는 모든 것을 대체할 수 있다. 하나씩 하나씩 실천하면, 검색엔진 1페이지 또는 상위권에 노출이 되면, 수익은 점점 우상향 된다.

애드센스

구글 애드센스(adsense.google.com)는 웹사이트 소유주(퍼블리셔)가 광고를 게재하여 콘텐츠에서 수익을 얻을 수 있는 수익창출 플랫폼이다. 광고주는 구글 애즈(www.ads.google.com)에서 광고를 할 수 있다.

사용자는 웹사이트에서 콘텐츠를 보다가 광고를 보고 클릭하게 되면 퍼블리셔에게 수익이 생기는 구조다. 수익은 광고 단가에 따라 다르게 지급된다. 애드센스는 티스토리에서도 할 수 있었지만 티스토리 자체 광고가 송출되기 때문에 직접 만든 블로그가 있다면 더 많은 수익을 기대할 수 있다.

애드센스를 시작하고 한동안 최소 출금 기준인 100$ 도달이 매우 어려웠었다. 티스토리로 시작했을 땐 하루 1~2$ 정도 나오는 수준이었다. 하지만 워드프레스로 애드센스를 시작하면서 다양한 콘셉트의 웹사이트를 만들 수 있게 되었다. 초보자 입장에서 워드프레스의 장벽은 너무 어려웠지만 지금은 광고 배치 등을 자유롭고 편하게 변경해서 몇 배의 수익이 발생했다. 2022년 기준 월 천만 원 이상 수익이 발생했다. 워드프레스로 만든 웹사이트도 수십 개 이상 운영하고 있다. 그리고 지금도 꾸준히 늘리고 있다.

○ 애드센스 시작하기

애드센스를 시작하려면 꼭 필요한 게 구글아이디와 웹사이트다. 수익이 발생하면 외화를 입금 받을 수 있는 통장이 필요하다. 그리고 더 많은 수익을 발생한다면 외국환매입증명서까지 필요하게 된다. 애드센스를 시작하려면 애드센스에 새 사이트를 추가하고 구글로부터 승인을 받아야 한다.

• 애드센스 사이트 추가하기

애드센스를 시작하려면 사이트를 추가하고 승인을 받아야한다. 사이트가 추가되면 구글에서 사이트에 광고를 게재할 준비가 되어 있는지 확인한다. 사이트 소유자가 맞는지, 그리고 사이트가 애드센스 프로그램 정책을 준수하는지 확인한다. 확인은 일반적으로 며칠 이내에 완료되지만, 경우에 따라 2~4주가 소요되기도 한다. 아래에서 추가 방법에 대해서 알아보자.

추가 방법

① 사이트 클릭

② +새사이트 클릭

③ 사이트 URL 입력

④ 저장클릭

⑤ 내 사이트 연결

⑥ 워드프레스 플러그인 'WPCode' 설치 후 활성화

⑦ 관리자 ⇨ Code Snipeets ⇨ Header & Footer 클릭

⑧ ⑤의 애드센스 코드 스니팻 '복사하기' 클릭

⑨ Header에 붙여넣기

⑩ 'Save Changes'클릭

⑪ "코드를 삽입했습니다." 체크

⑫ 다음 클릭

⑬ 검토 요청 클릭

• 애드센스 사이트 승인받는 방법

사이트 승인을 받기 위해 많은 노하우들이 공유되고 있는데 웹사이트가 구조적으로 완벽할수록 승인이 잘 나는 편이다. 카테고리도 없고 메뉴도 없고 단순히 포스팅만 된 것보단 포스팅 된 문서를 카테고리를 나누고 상단 메뉴를 추가하여 사용자가 좀 보기 편하도록 구조를 만들어야 한다. 사이트 승인을 신청한 후 혹시 거절되면 웹사이트를 좀 더 아름답게 다듬고 질의 콘텐츠를 하나씩 추가 하여 승인 신청을 해보자. 스마트폰에 대해서 포스팅을 한다면 스마트폰 사용법, 스마트폰 앱 설치하기, 앱 삭제하기, 바탕화면 정리하기, 잠금화면에 좋아하는 이미지 사진 넣기, 스마트폰 저렴하게 구입하기, 통화 녹음 설정하기 등의 주제가 생긴다. 카카오톡을 주제로 하여 카카오톡에 사용자 추가하기, 오픈채팅방 검색하기 등도 포스팅 할 수 있다. 너무나 익숙한 스마트폰이라도 메뉴와 카테고리를 정리하여 콘텐츠를 만들 수 있다. 제주도 여행 관련 포스팅을 할 경우 도민이 추천하는 곳, 제주도에서 가 볼 만한 곳, 애월 맛집, 서귀포 맛집, 공항 근처 맛집 등 장소와 음식 메뉴에 따라 카테고리를 구분할 수 있다. 전문적인 카테고리가 아니라 우리가 아는 일상의 주제도 충분히 포스팅 하여 승인을 받을 수 있다. 직접 가지 않아도 구글 지역 가이드, 네이버 지도, 카카오 지도를 통해 정보를 찾아 볼 수 있다. 최종소비자 입장에서 고민하고 하나씩 콘텐츠를 작성하다 보면 어떤 주제든 충분히 승인 받을 수 있다.

◐ SEO 최적화

수익형 웹사이트는 SEO 최적화를 하는 게 좋다. 외부 유입을 하지 않아도 되는 자연유입검색 증가는 매달 받는 연금이 될 수 있다.

◐ 애드센스에서 자주 사용하는 용어들

애드센스를 하다보면 이런 단어들이 나온다. CTR, RPM, 페이지뷰, 노출수, CPC, 키워드, 트래픽, DB, 하나씩 알아보자

- 키워드 : 키워드는 크게 숏테일(shot tail)과 롱테일(Long Tail) 2가지로 구분된다. 숏테일은 짧고 간결한 키워드다. 메인 키워드로 분류된다. '여행', '자동차', '시즌권'과 같은 단어가 숏테일 키워드에 속한다. 롱테일은 좀 더 구체적인 키워드이다. '여행 준비물 체크 리스트', '자동차 바퀴 공기압 경고등' 이런 긴 키워드들이

다. 숏테일은 경쟁이 치열한 반면 롱테일은 경쟁이 덜하다.

- 방문자수 : 방문자수는 웹 사이트를 방문한 사람들의 전체 수
- 순방문자수 : 일간 기준, 하루 안의 중복 방문을 제외한 순수한 방문자의 수
- 페이지뷰(Pageviews) : 방문자가 웹페이지를 열어본 전체 횟수, 방문자가 페이지를 3개를 열었다면 3으로 기록된다.
- 클릭수 : 방문자가 광고나 링크를 클릭한 횟수
- CPC : 사용자가 광고를 클릭할 때마다 게시자가 벌어들이는 금액이다. 같은 광고라도 시즌에 따라 광고 단가는 달라진다.
- CTR : 클릭수/노출수
- 페이지 RPM : 페이지뷰 1000 건당 예상 수익
- 트래픽 : 데이터양을 말한다. 웹트래픽은 방문자 수, 페이지 뷰, 평균 체류 시간, 방문자 출처 등 다양한 요소로 측정할 수 있다.

♀ 광고 넣기

애드센스 승인을 받았다면 광고를 넣어야 한다. 광고 클릭이 가장 많이 되는 위치는 웹사이트 상단이다. 웹사이트 상단에 광고를 추가하는 방법을 알아보자.

① 애드센스(adsense.google.com) ⇨ 광고 ⇨ 광고단위 ⇨ 디스플레이 광고 클릭

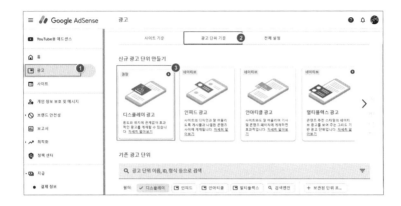

② 광고 단위 이름 추가 후 만들기 클릭

③ 코드 생성기 코드 복사

④ HTML 코드를 복사한 후 워드프레스 본문에 글을 넣으면 된
다.

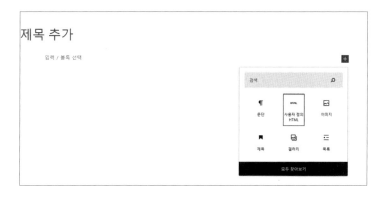

◎ 플러그인을 통한 광고 자동 넣기

발행된 글이 너무 많다면 플러그인을 이용해서 광고를 아주 쉽게 추가할 수 있다. 바로 'Ad insert' 플러그인이다.

① 플러그인 설치

② 플러그인 셋팅

애드센스의 광고 코드를 작성하는 창에 붙여넣기를 한다.

광고는 포스트, 홈페이지, 검색화면, 페이지 등에 개별적으로 적용할 수 있고, 광고가 들어가는 위치도 다양한 자리에 넣을 수 있다. 콘텐츠 바로 위에 적용하기 위해선 BEFORE CONTENT를 선택하면 된다.

다양한 조합으로 16개의 광고를 추가할 수 있으며 애드센스 뿐 아니라 다양한 코드를 추가할 수 있다.

이제부터 글만 작성하면 애드센스 광고가 자동으로 세팅된다.

홈페이지를 만들 수 있는 것만으로도 수익화 활동을 할 수 있다

주변에 홈페이지를 만들고 싶어지만 어려워 하는 분들이 있을 것이다. 내가 가진 도메인의 서브도메인을 이용하거나 내 웹사이트에 페이지를 할당하여 간단한 홈페이지를 만들어 주어도 그들은 감동하게 된다. 그의 사업이 진정으로 잘되길 같이 고민하고 만들다 보면 제작 기술이 점점 상승하게 된다. 그들의 홈페이지를 운영하다가 운영비를 받을 수도 있다. 실력이 좀 더 상승하게 되면 홈페이지를 만들어 주는 사업을 할 수도 있다.

또다른 수익으로, 잘 운영된 웹사이트는 기업의 광고를 받을 수 있다. 실제로 운영 중인 웹사이트에 비록 소액이지만 광고료를 받고 글을 작성한 적이 있다. 네이버 블로그에만 있던 광고 활동이 웹사이트에도 있었던 것이다. 이처럼 운영하는 웹사이트 중 하나는 정말 잘 키워보면 좋을듯하다. 찾아보니 포스팅 하나에 수백만 원을 주는 회

사도 있었다. 웹사이트 하단에 이메일과 같은 연락처를 꼭 표시해 보
자.